The way to love oneself to become happy

幸せを引き寄せる自分の愛し方

100の方法

植西 聰
Akira Uenishi

はじめに
人生が変わるシンプルなルール

まわりのみんなに比べて、自分の人生はつまらないもののような気がする……。

がんばっているのに、なぜかいつもつらい目にあってしまう。

恋愛や人間関係でいつもトラブルに巻き込まれる。


人の悩みはいつの時代も尽きないものですが、近年は特に、そんな苦しい思いを抱えながら生きている人が増えているように思います。

しかし、日本人全員が悲しい毎日を送っているかというと、そうではありません。

自分と似たような境遇にあっても、まったく違う成果を手にして、楽しそうに生きている人も、存在するのです。

では、生きづらさを感じている人と、いつも楽しく笑顔でいる人の違いは、どこにあるのでしょうか？

実は、この答えはとてもシンプルです。

「自分を愛しているか、愛していないか」の違いが、その人の心に大きな影響を与え、その結果、その人の日常生活や人生そのものを変えていってしまうのです。

私たちは、自分のことをよく知っているつもりでいますが、実際には何も知りません。

自分が本当に好きなこと、自分が心からやりたいこと、自分がやっていると心が落ち着くこと……。

そんな、自分の本心を知らない人が多いのです。

なぜ知らないのかというと、多くの人が、他人のことばかり気にして、自分の心の声に関心を持たないからです。

もっと、自分を愛してあげましょう。そして、自分の心の声に耳を傾けましょう。

どんな人にも、その人の魂が喜ぶ生き方があります。

そして、日々の暮らしの中で魂が喜ぶ時間を増やすことができれば、生きることは楽しみに変わるのです。

自分を愛することから、毎日が変わり、人生が変わります。

本書が、あなたの苦しみや悲しみを笑顔に変える一助になれば嬉しく思います。

幸せを引き寄せる自分の愛し方100の方法

もくじ

第5章 自分を好きになる言葉の使い方

第6章 ライフスタイルを見直す

第7章 自分を傷つけない人間関係のコツ

第1章

自分を愛するための基本法則

1 自分を愛している人と愛せない人の違い

世の中には、同じような境遇に生きていながら、自分に自信を持って、イキイキとした人生を送っている「自分を愛している人」と、自分に自信がなく、いつも不安を抱えて生きている「自分を愛せない人」がいます。

両者の違いはいったいどこにあるのでしょうか。

智子さんと絵美さんという２人の女性を例に考えてみましょう。

２人とも同じ年齢です。両親に大切に育てられて、大人になりました。

パッと見る限り、外見や学歴、能力、置かれている環境などに大きな違いはないようです。

しかし、智子さんには悩み事が絶えません。心の中では、いつもこんな考えが頭をよぎります。

「私は平凡で、大した能力もないから、この先も幸せになれないだろうな……」

「いつも悩み事ばかりで、思い通りの人生を歩めない自分がイヤになってくる」

そんな智子さんは、「自分を愛していますか？」と聞かれると「いいえ」と即答します。

一方、絵美さんは、多少心配事があっても、そんなに気に留めていません。そして、心の中では、いつもこんなふうに考えています。

「私はごく普通の人間だけど、毎日楽しいことがたくさんあるから幸せ」

「今の悩みはいつか解決するだろうから、きっと大丈夫」

そんな絵美さんに、「自分を愛していますか?」と聞くと、照れくさそうに「そうですね。自分を愛しています」と答えます。

他人から見れば、智子さんにも絵美さんにも、大した差はありません。2人とも、それぞれに魅力を持った女性です。

それなのに、自分自身に対する気持ちはまったく違うのです。

そして、それが原因で、智子さんは悩みの多い人生を送り、絵美さんはまわりの人から「いつも幸せそうでうらやましいな」と言われるような毎日を送っているのです。

心の状態が、2人の毎日に大きな差をつけているのです。

自分を愛するためには、心の状態に注目して、考え方を変えていけばいい

2 心の状態がマイナスに傾くと、自分を愛せなくなる

同じ状況におかれても、人により考え方や捉え方はまったく違います。

たとえば、コップに半分の水が入っている様子を見て、「まだ半分ある」と安心している人もいれば、「もう半分しかない」とあせる人もいます。

同じ男性を見て、恋をして結婚する女性もいれば、「あんな人を好きになるなんて信じられない」という女性もいます。

「自分を愛している人」と「自分を愛していない人」の違いも、それと同じです。

「こんな自分は最低だ」なのか、「こんな自分をステキだと思う」なのか。

どちらに思うかどうかは、その人の考え方、物事の捉え方で決まってくるものであり、外見や学歴、恋人がいるかどうかなど、そんなこととは関係ないのです。

そして、今「自分のことを嫌い」と思っている人も、「自分のことを好きになりたい」と思っているはずです。そんな人もあせる必要はありません。

どんな人も、自分を大好きになって、人生を楽しく生きられるようになるからです。

そのために大切なのが、心の中にプラスのエネルギーを増やすことです。

毎日の生活で、ネガティブな気持ちを感じてばかりいると、自分を愛する気持ちがなくなってくる

プラスのエネルギーは、幸せ、楽しい、嬉しい、ラッキー、好き、ありがたい、おもしろい、というようなポジティブな気持ちを感じると、心の中に生まれます。

そして、心にプラスのエネルギーが増えると、そのエネルギーが磁石のようになって、プラスの出来事を引き寄せるのです。

ですから、毎日の生活でポジティブな気持ちをたくさん感じている人は、身のまわりにハッピーな出来事が起きやすくなります。

すると、「私の人生も悪くない」と思えるような時間が増えていくのです。

逆に、毎日の生活で、不幸だ、つまらない、イヤだ、悲しい、嫌い、憎い、というようなネガティブな気持ちを感じてばかりいると、心にはマイナスのエネルギーが増えて、マイナスの出来事を引き寄せてしまいます。

すると、心の状態もどんどんマイナスに転じて、「こんな自分はイヤだ!」と、自分を愛する気持ちもなくなってくるのです。

3 自分を愛せないのは、あなただけではない

心の中にプラスのエネルギーを増やすことが、自分を愛することにつながるということは理解してもらえたと思います。

しかし、理屈はわかっても、すぐに実行できる人ばかりではありません。

「自分を愛せない」と悩む人の中には、「私はこれまでずっと自分のことが嫌いでした。心にプラスのエネルギーを増やしたところで、今さら自分を愛するなんて、できるとは思えないんです……」

「私の心の中は常に不安でいっぱいです。これまでも自分を愛する努力をしてきましたが、ダメでした。プラスに考えようとしても、やっぱり無理と思ってしまいます」

というような人も少なくありません。

こういう人に伝えたいのは、「今、自分のことを嫌いでも、そんなに心配しなくてもいい」ということです。

なぜなら、自分を愛せない人は、この世界中にたくさんいるからです。

私は心理カウンセラーという仕事を通じて、多くの女性の悩みを聞いてきましたが、

幸せそうに見える人も、「自分が嫌い」「自信を持てない」と悩んでいた過去がある

本当に多くの女性が「どんなにがんばっても、自分に自信が持てない」「自分のことが嫌いでたまらない」と苦しんでいました。

「苦しんだり、悩んだりしているのは、自分だけではない」とわかれば、少しは気が楽になりませんか。

また、今、幸せそうに見える人だって、過去「自分を愛せない」と悩み、暗い人生を歩んでいた人も実はたくさんいます。

そういう人は、少しずつ、考え方や日々の習慣を変えて、心の中にプラスのエネルギーを増やしていった結果、自分を愛せるようになったのです。

自分は生まれつきネガティブに考えるタイプだから無理だ、とあきらめる必要はありません。

どんな性格でも、過去に何があったとしても、自分自身を好きになって、この人生を楽しめるときはやってきます。

4 自分を愛せないことを否定しない

自分を愛せないという人に、「どうして、自分のことが嫌いなんですか?」という質問をすると、次のような答えが返ってきます。


「美人ではないし、これといった長所がひとつもないから」

「暗くてグズな性格をなかなか変えられないから」

「何をやってもうまくいったことがないから」


この「自分に問題がある」という考え方は、別に悪いことではありません。

「自分で自分のダメな部分を認める」という意味では正しくて、立派な考え方です。

そんな人に伝えたいのは、「欠点はあって当たり前。欠点も含めて、自分のことを好きになればいい」ということです。


いつも気持ちが安定していて、自分に対する自信を持っている人が、完璧な人間性を持っているのかといえば、そんなことはありません。

人間ですから、誰にでも失敗はありますし、うまくいかないときもあります。

ただ、自信を持っている人たちというのは、失敗したときの気持ちの切り替え方がうまいのです。

彼女たちは、トラブルが起きたときも、「私ってダメだなあ」「どうしよう、また迷惑をかけてしまった」というようなマイナスの受け止め方をしません。

「こんな日もあるさ。次はきっとうまくいく」「怒られるかもしれないけど、仕方ない。次で取り戻せばいい」と考えることができるのです。

そのため、心にマイナスのエネルギーが増え続けることもないのです。

自分を好きになるのに、条件はいりません。

失敗ばかりしているドジな自分も、好きな人にフラれて落ち込んでいる自分も、大切な自分自身であり、世界中探してもその代わりはいない貴重な存在です。

どうしても自分を愛せないときは、「私はまだ、自分を愛する方法を知らないだけ」というふうに考えれば、これ以上ネガティブな感情を増やさずにすみます。

自分を愛せない原因は、考え方や方法を知らないだけで、自分に問題があるわけではない

5 誰でも自分を愛することができる

人は外見や収入、学歴、家柄、才能、年齢といった条件で他人を判断しがちです。

たとえば、誰もが振り向くような美人で、スタイルも抜群な女性を見かけたら、「いいなあ。あの人はいつもチヤホヤされているだろうから、つき合う男性にも困らないだろうな。きっと自分のことが大好きに違いない」と、うらやましく思います。

また、優秀な大学を卒業し、有名な企業に就職している女性のうわさを聞くと、「頭がよくて仕事もできるだろうから、きっと高い評価を得ているだろうな。お給料も高いだろうし、自信満々なんだろうな」と勝手なことを想像してしまいます。

しかし、実際のところ、そのような条件に恵まれた人が、自分を愛しているかといえば、そうではない場合も多いのです。

春香さん（仮名・28歳）は、幼いころからまわりの人に「かわいいね」とほめられるような容姿をしている上に、優しい性格をしています。

そんな魅力的な春香さんに好感を持っている男性はたくさんいました。

それなのに、春香さんは自分を苦しめるような悪い男性と恋愛をしては、何度もひどいフラれ方をしているといいます。

彼女は口ぐせのように「彼氏に愛されない自分自身が嫌いでしょうがない」と友達に言い回っているそうです。

春香さんの例から、条件が恵まれている人でも、かならずしも自分を愛しているわけではないことがわかります。

「あの人はいいな」と思うような人でも、苦しみを抱えていることも多いのです。

くり返しますが、心にプラスのエネルギーを増やし、自分自身を好きになっていくためには、外見や才能などの条件は関係ありません。

ただポジティブな気持ちを大切にして、少しずつ心の状態をよくしていくことができれば、誰でも自分を愛することができるようになるのです。

自分を愛するのに、外見や才能などの条件は関係ない

6 「きっと自分を愛せるようになる」と信じる

自分を愛するために、とても重要な心構えがあります。

それは、「私はきっと、自分のことを愛せるようになる」と信じる気持ちを持つことです。

こう言うと、「それができないから困っているのよ！」と怒りたくなる人もいるかもしれません。

しかし、人間というのは「こうなりたい」という気持ちがなければ、現実を変えることはできないのです。

聖書に、「求めよ、さらば与えられん」という言葉があります。

「ただ与えられるのを待つのではなく、自分から積極的に努力をしたり、行動を起こしたりすれば、かならずよい結果が得られる」という意味です。

「自分の性格が嫌い」「自分を愛せない自分がイヤ」と悩む人の大半は、「自分を好きになれたらどんなに楽だろう」「いつか、自分を愛せたらいいいな」というモヤモヤとした思いを持っているものです。

しかし、実際にそれを変えようと努力する人は多くありません。

「自分の性格は嫌いだけど、今さら変えることはむずかしいだろうな」「こんな自分はイヤだけどしょうがないよね」と、行動に移す前からあきらめてしまっているのです。

しかし、何歳であろうと、自分を変えることをあきらめる必要はないのです。

人間の心は、本当に大きなパワーを持っています。ですから、「自分を愛せるようになりたい」「もっと自分を好きになりたい」という強い気持ちを持っていれば、時間がかかっても、かならず自分を愛せるようになります。

逆に「自分を好きになるなんて無理」などと考えてばかりいると、この先も変わらず、自分のことが嫌いなままで過ごすことになります。

ある日突然、目が覚めたら自分のことを好きになっていた、なんてことはありえません。

自分を愛するためには、まず自分自身を信じることからはじめてください。

「私だってやればできる」。その思いが、自分を愛するための第一歩となるのです。


「もっと自分を好きになりたい」という強い気持ちがあれば、かならず自分を愛せるようになる

7 「なぜ、自分を愛せないのか」をじっくり考えてみる

「自分を好きになれないなあ」と悩んでいる人にぜひやってほしいのが、「なぜ、自分を愛せないのか」ということについて、じっくりと考えてみることです。

「自分を愛せない」という考えに至ったのには、過去に、自分のことが嫌いになるようなきっかけとなる出来事や状況があったはずです。

その理由がハッキリとわかると、「どうしたら自分を愛せるようになるのか」という方法が見えてくる可能性が高くなります。

たとえば、「友達が少ない自分がイヤ」と悩んでいたとしましょう。

そういう場合は、まず「どうしてそうなったんだろう？」と考えてみます。すると次第に、「これかな？」という理由がいくつか見つかるはずです。

「人に話しかけられても会話が弾むことが少ない」

「知り合いの人に何か誘いを受けても、すぐにお断りすることが多い」

「まわりの人で、仲良くしたいと思う人が見つからない」

このような理由が見つかったとしたら、次は「どうしたら、今の状況から抜け出せる

だろうか？」というふうに考えてみます。

会話が弾まないなら、事前に会話のネタを探しておくことで話しやすい雰囲気をつくることができるかもしれません。

話すことがないなら、相手の話をじっくり聞くことに専念すれば、会話が進まないことがそれほど気にならないかと思います。

また、これまで友人の誘いを断ってきたのなら、これからはそんなに興味が持てない誘いがあっても、よっぽどイヤでなければとりあえず「行きます」と前向きな返事をしてみるのがよいのではないでしょうか。

まわりに仲良くしたい人が見つからないのならば、自分と価値観が合いそうな人がいる場所へ出かけてみるのがおすすめです。

ただぼんやりと悩んでいても、何も変わりません。でも、「なぜ？」と考えることによって、自分なりの答えはかならず導き出せると思います。

「なぜ？」と考えれば、「どうしたら自分を愛せるようになるか」という答えが見えてくる

8 自分を愛するのに、特別なことは必要ない

今、自分のことが嫌いで、心の中に不安がうずまいている人も、「自分を愛せるようになりたい」という気持ちさえあれば、変わることができます。

心の状態がどんなに悪い人でも、毎日つらいことだらけの人でも、過去にイヤなことばかりだったという人でも、自分を愛する資格は十分にあるからです。

ただ、「自分を愛せるようになろう」と心に決めたときに、忘れてはいけないことがあります。

それは、極端に特別なことをしようとしないことです。

これまで自分のことを愛せなかった人たちが自分のことを愛するためには、これまでと違った考え方をしたり、努力をしたりしなければなりません。

その中には、今まで避けていたことをしなければならない場面に遭遇することもあるはずです。

しかし、だからといって、「このままではダメだ」と極端にがんばって自分を追いつめたり、自分を変えるために高額なお金をかけたりする必要はありません。

自分を愛するためには、無理しないで、自分のできることを実行することが大切

私たちは、今までと違ったことをしようとするときには、何か極端に特別なことをしなければならないと考えがちです。

その考えがすべて間違っているとは言いませんが、自分を愛することに関しては、自分に無理のない範囲で、できることを実行していくほうがよいのです。

試しに、自分の身のまわりで「この人は自分が好きだろうな」という雰囲気を感じる人を観察してみてください。

その人たちは、何か特別なことをしているでしょうか？ そんなことはないはずです。

たいていの人は、ごく普通に、毎日の生活を楽しんでいるだけだと思います。

自分を愛するために、何か特別なことをしなければならないとしたら、世の中は「自分が嫌い」という人だらけになってしまいます。

自分を愛するのは、そんなに特別なことでもなく、むずかしいことでもないのです。

9　「引き寄せの法則」の仕組みを知る

「自分を愛せる、と強く信じているのに、なかなかその気持ちがわいてこない」
「自分を愛するために心をポジティブにしているのに、あまり効果がない気がする」
このように、「自分を愛したいのに、愛せない」と悩んでいる人をときどき見かけます。

こういう人は、自分を愛するための基本的なことは理解していると思います。
しかし、それに反して、心の奥底では「やっぱり無理かもしれない」「私にはできない」というマイナスの気持ちが強く根づいている場合が多いのです。

私たちの心というのは、自分自身が意識しているか、いないかにかかわらず、自分が心の中で強く考えていることを現実に引き寄せるという性質を持っています。

これを、「引き寄せの法則」といいます。

ですから、「自分を愛したいのに、愛せない」という人は、心の中に「やっぱり自分を愛せない」というマイナスのエネルギーをたくさん溜め込んでいるせいで、「自分を愛せない」という現実を引き寄せているということになるのです。

この事実を知ると、「自分を愛せないのは自分のせいだったんだ」とショックを受ける人もいるかもしれませんが、落ち込む必要はありません。

なぜなら、たいていの人は「引き寄せの法則」の仕組みを知らないからです。

自分を愛している人は、無意識に「引き寄せの法則」を活用したり、感覚で理解していたりします。

自分を愛せない人というのは、言い換えれば、「引き寄せの法則」を悪いほうに使っているといえます。

それでも、今から「引き寄せの法則」の仕組みをきちんと理解すれば、「引き寄せの法則」をプラスに活用することができるのです。

自分が意識していなくても、心で考えていることが、現実に引き寄せられる

引き寄せの力は、いいことだけでなく、悪いことも引き寄せます。

そして、困ったことに、悪いことほど自分で引き寄せようとしなくても、勝手に引き寄せられてくるのです。まずはこのことを覚えておく必要があります。

10 「○○したくない」「××はイヤ」という考え方をやめる

前項で「引き寄せの法則」の基本的な仕組みについて述べましたが、この項では具体的な使い方について説明していきます。

自分の身のまわりに起こる出来事や状況は、すべて自分の心の奥底で強く考えていることが引き寄せていることは理解できたはずです。

そのときに重要になってくるのが、「どんなふうに考えているか」ということです。

たとえば、今の自分の仕事が嫌いでしょうがないという人が、新しい生き方を望んでいるとしましょう。

そういうときに、「自分に向いていない仕事は絶対にしたくない」「忙しくて、プライベートの時間がなくなるような仕事は選びたくない」というような考え方をしていたら、どうなるでしょうか？

「引き寄せの法則」でいうと、その人は、自分に向いていない仕事を選ぶような出来事に見舞われたり、「ここぞ」と思った転職先が激務な職場だった、というような状況におちいったりするようになります。

なぜなら、その人が「自分に向いていない仕事はしたくない」「忙しい仕事はイヤ」と考えるとき、頭の中には、「バタバタと忙しく、自分には向いていない仕事をしている姿」というイメージをしているからです。

つまり、心の中で考える「自分のイヤな仕事像」が強いイメージとなって、心の奥底に刻み込まれているのです。

では、悪いことを引き寄せないためには、どうしたらいいかというと、「自分の興味のある職種に就きたい」「仕事とプライベートをバランスよく両立できる仕事がいい」というふうに肯定的なイメージを持つようにすることが大切です。

肯定的なイメージをするときは、「〇〇したくない」「××はイヤ」という悪いイメージは浮かばないので、おのずと自分が望むものを引き寄せることができるのです。

このように、ちょっとしたイメージの違いで、引き寄せられるものは大きく変わってくるのです。

肯定的な考え方をすれば、おのずと自分が望むものを引き寄せることができる

11 まずは、小さな「いいこと」を引き寄せる

引き寄せの力というのは、本来誰にも備わっているものです。

しかし、「自分を愛せない」と悩む人というのは、これまで無意識に悪いことばかりを引き寄せていたので、いきなり、いいことを引き寄せるのをむずかしく感じる人もいるかと思います。

そういう人におすすめなのが、まずは「小さないいこと」を引き寄せることからスタートすることです。

「引き寄せの法則」を味方につけるには、引き寄せたいものを肯定的にイメージして、そのイメージを心の中で強く信じるコツを身につけることが大切です。

コツをつかむには、日常生活の中でくり返し練習をするのがベストです。

たとえば、「おいしい食事ができて、居心地のいいカフェが見つかるといいな」と思っているとしたら、自分の理想とするカフェを具体的にイメージしてみましょう。

そうしているうちに、たまたま通りかかった場所にステキなお店を見つけたとか、

本屋に立ち寄ったら、カフェの特集をしている雑誌があったとか、友達におすすめされたカフェに行ったら自分にぴったりの場所だった、というような「いいこと」が起こりやすくなります。

「そんな小さなことか……」とガッカリする人もいるかもしれませんが、これだって「引き寄せの法則」の力を立派に活用していることになるのです。

「小さないいこと」さえ引き寄せられない人が、「大きな望み」を引き寄せることはできません。

小さな引き寄せを何度も成功させていると、「案外、自分の思い通りになることもあるな」「私でも引き寄せの法則が使える」と、自分に自信が持てるようになります。

そうすれば、心の状態は確実によくなっていき、少しずつ自分を好きになっていくのを実感できるようになります。

ですから、あせらず、確実に「引き寄せの法則」を自分のものにしていきましょう。

日常生活でくり返し練習すれば、確実に「引き寄せの法則」を味方につけることができる

第2章

自分を大切にする
練習をする

12 「このままの自分で大丈夫」とくり返しつぶやく

自分を愛するために欠かせないのが、自分を大切にすることです。

「自分を大切にする」と聞いても、ピンとこない人もいるかもしれません。

別の言い方をすると、「自分に優しくする」「自分のことを優先して考える」ということも自分を大切にすることにあてはまります。

自分を愛せない人は、例外なく自分を大切にすることが苦手です。

なぜなら、人は、自分が嫌いなものを大切にすることはできない性質を持っているからです。

たとえば、動物が好きな人は、犬や猫などを飼うときは、自分の家族のように大切に扱うと思います。しかし、動物が嫌いな人は、ペットを飼うことはおろか、動物に触ることさえ嫌悪感を抱く人も多いはずです。

つまり、自分を愛せない人というのは、自分が嫌いで、自分に優しくすることもできず、自分のことを一番に考えようとしない、ということになります。

そういう人は、心理学でいうところの「自己肯定感」が低い傾向にあります。

自分で自分を認めることができたら、自己肯定感が強くなる

自己肯定感とは、自分の性格やまわりの環境に関係なく、「このままの自分で大丈夫」「自分は価値のある人間だ」と自分を認める気持ちのことをいいます。

「自己肯定感」が低いと、自分の短所や弱点ばかりが目についたり、他人からの心ないひと言でひどく傷ついたりして、自分を嫌いになってしまう可能性が高いのです。

「私は自己肯定感が低い」と気づいた人は、今から自己肯定感を強くする工夫をしていくことが必要です。

まず試してほしいのが、ひとりでいるときに、「今の自分が好き」「私は私で魅力がある」「愛される価値のある人間だ」というふうに、自分を認める内容のセリフをくり返しつぶやくということです。

はじめは恥ずかしいかもしれませんが、「誰も見ていないから平気」と開き直れば大丈夫です。声に出すことで、少しずつ自分に対してプラスの感情がわいてくるでしょう。

13 自分の「いいところ」を書き出す

自分を大切にできない人は、「自分がイヤ」「自分はダメな人間」というふうに自分に対して否定的な感情を持っています。

ですから、自分を愛せない人の心の中には、毎秒、毎秒、ネガティブな感情が溜まっていくことになります。

このネガティブな感情をやわらげるためにやってほしいのが、自分の「いいところ」をノートや手帳に書き出してみるということです。

「いいところ」というのは、自分が「この部分には自信がある」と思っていることです。

どんなにささいなことでもかまいません。誰に見せるわけでもないので、思いついたことはどんどん書き出してみましょう。

たとえば、「一度話した人の顔と名前は忘れない」「本を読むのが早い」「レシピを見れば、たいていの料理はつくることができる」というようなことは、自分からすれば当たり前のことかもしれません。

しかし、世の中には、すぐに人の顔と名前を忘れてしまう人もいれば、本を読むことを苦痛に感じる人、料理が大の苦手だという人も確実に存在するのです。

そういう意味でも、どんな人にだってかならず「いいところ」はあるのです。

「自分のいいところなんて思いつかない……」という人は、これまでにまわりの人からほめられたり、「こういうところがステキね」と言われたりしたことを思い出してみることです。

学生のころ、「〇〇ちゃんって手先が器用だね」とクラスメイトに言われた。

会社の上司に、「△△さんの書類は、いつも文章が読みやすくていい」とほめられた。

このようなことも、もちろん自分の「いいところ」になります。

自分の「いいところ」に意識を向けると、心の中にはポジティブな感情がぐんぐん増えていきます。

そして、どんなに自分を愛せない人でも、「案外、自分にもいいところがあるんだな」「私だって捨てたものではないな」と思えてくるのです。

自分に自信があること、人からほめられたことに意識を向けると、ネガティブな感情がやわらぐ

14 どんな欠点も長所に変える方法

自分のいいところを見つけようとしても、「自分に長所なんてない」「短所しか目につかない」と感じる人も少なくありません。

彼女たちに本当に長所がないわけではありません。

自分を愛せない人は、短所や欠点ばかりを気にするばかり、自分の長所に気がついていないのですが、本当はたくさんの魅力を持っています。

それでも長所が見つからないという人におすすめなのが、自分の欠点を見つけたら、その欠点を別の角度から見直して、プラスの意味づけをすることです。

たとえば、「優柔不断で、小さなことでもグズグズ迷ってしまう」という欠点は、どんなふうにプラスの意味づけができるでしょう。

「優柔不断」というと決断力がなく、グズグズしているというイメージがあります。

しかし、これを別の角度から見ると、「じっくり考えてから決断する、慎重な人」「小さいことでもきちんと考えてから結論を出す人」というふうにプラスの意味でとらえることも可能になるのです。

自分の欠点は、別の角度から見ると、長所にもなることがある

「がさつ」な性格は、「おおらか」と言い換えられますし、「おとなしい」人は「落ち着いている」と捉えることもできるのです。

このように、ひとつの事実の見方を変えることを、心理学では「リフレーミング」といいます。

自分を愛せない人は、必要以上に自分の欠点に注目してしまいます。「欠点を直さないと、自分を愛することはできない」と思って、欠点を克服しようとしている人もいると思います。

しかし、リフレーミングを使うと、今まで自分が欠点だと思っていたことが、実は長所にもなることに気づきます。

欠点が長所になりえることを知っていれば、その欠点もまるごと受け入れることができます。そして、その思いこそが、自分を大切にすることにつながるのです。

15

過去にうまくいったことを思い出す

自分を愛せない人は、過去に失敗したことや、うまくいかなかったことばかりに注目する傾向があります。

しかし、過去にうまくいかなかった原因をあれこれ悔やんでも、何も解決はしません。

たとえば、自分を愛せない原因が、小学校のころに先生から叱られたことがきっかけだったとしましょう。でも、それがわかったところで、小学生のころの自分に戻って、その時代からやり直すことはできません。

それに、つらい過去を思い出すと、そのときに感じたマイナスの感情も再現されてしまうので、憂うつな気分になってしまうこともあります。

ですから、過去のうまくいかなかったことを何度も思い出すのは、やめておいたほうがいいのです。

その一方で、過去にうまくいったことを思い出すのは、自分に自信をつけるための方法としては最適です。

誰もが驚くすごいことよりも、自分目線で「うまくいったな」と感じたことを思い出すことが大切

どんなに昔のことでもかまわないので、「あのときはよくやったな」「あのときはよく乗り越えられたな」という体験を思い出してみてください。

10歳のとき、自分の小学校でリレー選手に選ばれた。

中学生のとき、数学のテストだけはずっと90点以上だった。

好きな彼から「知的なところがいいね」と言われた。

猛勉強した甲斐あって、医療事務の資格に一発で合格できた。

このように、思い出してみると意外とたくさんあることに気づくでしょう。

ポイントは、誰もが驚くようなすごいことを思い出そうとするよりも、あくまでも自分目線で「うまくいったな」と感じたことを思い出してみることです。

自分を大切にするためには、まわりの人の反応よりも、自分自身が「成功した」と感じる回数を増やすことが重要です。たとえどんなに小さな成功体験でも、心の中をプラスの感情で満たす効果があるのです。

16 自分で自分をほめてあげる

人は誰でも、ほめられることが大好きです。

たとえば、恋人とデートをするときに、新しいワンピースを着ていったとします。そのとき彼氏から、「そのワンピース、かわいいね。とても似合っているよ」と言われたら、心の中はポジティブな気持ちで満たされて、その日のデートはいつもよりずっと楽しく過ごせるでしょう。

ところが、残念なことに男性の中には、彼女が新しいワンピースを着ていることに気づかない人もいます。

そういう人は、彼女をほめる言葉も出てきません。

こういうときに、「鈍感な人」「せっかく洋服を新調したのに、損した気分」と思うと、心の中にはマイナスの感情が増えるだけです。

そして、このマイナス感情は「人からほめられたい」という期待が強ければ強いほど、大きくなっていくのです。

自分を愛せない人は、実はこの「人からほめられたい」という欲求が高い傾向にあります。その中には、他人から「すごいね」とほめられることで、自分自身の評価がアップすると考えている人もいるようです。

その考えは決して間違いではありません。他人からプラスの評価をされて、自分に自信が持てるケースは確かにあります。

しかし、この例を見てもわかる通り、他人はいつでもどこでも自分をほめてくれるわけではないのです。

自分を大切にするために本当に重要なのは、自分で自分をほめてあげることです。

ですから、彼氏がワンピースに気づいてくれなくても、「このワンピース、買って正解だった。私に似合っている」「彼が気づいてくれなくてムッとしたけど、嫌味を言わずに優しくできた私ってえらい」というふうに、自分をほめてあげるといいでしょう。

自分をほめるということは、自分に優しくしてあげるということです。

そして、自分に優しくすることができると、自分を好きになっていけます。

他人からほめられることを期待するよりも、自分で自分に優しくしてあげる

17

自分にダメ出しをしすぎない

「ダメ出し」という言葉があります。

劇やドラマなどをつくりあげていく途中に、改善点や注意点を指摘するという意味で、もともとは演劇やテレビの世界で使われていた言葉です。

しかし、今では、上司に仕事でやり直しを命じられたときや、他人の欠点を指摘するときに「ダメ出しする」と表現する使い方が一般的になってきました。

自分を愛せない人は、この「ダメ出し」を、日常的に自分に向かってしている人が多いといえます。

自分の生き方を振り返って、「私にはこういう悪いクセがある」「自分のせいでまわりに迷惑をかけてしまった」と反省した上でダメ出しをするのは、時として大切なことです。

しかし、ダメ出しにも限度があります。度を超したダメ出しは、自分の心を深く傷つけてしまうので注意が必要です。

出版社に勤める知子さん（仮名・30歳）は、しつけの厳しい母親に育てられたせいか、子どものころから自分に厳しくしてしまう傾向がありました。

たとえば、仕事で企画書を書かなければいけなかったとしましょう。

なかなかいいアイディアが浮かんでこないときは、「私って、本当に頭が堅いなあ。イヤになっちゃう」と自分を責め、せっかくアイディアを思いついたとしても「こんな誰でも思いつくのなんてダメに決まっている」と自分にダメ出しをしてしまいます。

そのため、どんなにいい仕事をしても、知子さんは自分の仕事に対して自信が持てずにいました。特に、精神的に弱っているときは、「仕事を辞めたい」と思うほど、追い詰められてしまいます。

しかし、あるとき尊敬する先輩から「自分を責めても、不幸になるだけだよ」「もっと自分のいいところ見てあげないと」と言われたことをきっかけに、自分へのダメ出しをやめることにしました。

すると、1週間もしないうちに同僚から「最近明るくなったね」と言われました。そして知子さん自身も、「心がグンと軽くなった」と感じることができたのです。

度を超したダメ出しは、自分を傷つけて、不幸にするだけ

18 どうしても気分が沈むときの切り抜け方

「どうしても気分が沈んでしまう」という日は誰にでもあると思います。

自分を愛せない人は、自信を持って楽しそうな毎日を送っている人を見ると、「きっと、この人はめったに落ち込んだりしないんだろうな……」と思いがちです。

しかし、人間の感情にはバイオリズムがあるので、自分に自信がある人でも、いつだって「私は自分を愛している」と言い切れるときばかりではありません。

友達と別れてひとりきりになったら、なぜだか涙があふれて止まらなくなった。

眠る前に、突然過去の恐かったことを思い出して、体の震えが止まらなくなった。

このように、わけもなく気持ちが沈む経験は、実際多くの人がしています。

しかし、自分を大切にしている人は、気分が沈んだときの切り抜け方が上手なため、他人からはそんなに落ち込んでいる様子には見えないのです。

では、彼女たちは、どのようにして心の落ち込みを切り抜けているのでしょうか？

その答えは、無理にポジティブになろうとせずに、落ち込んでいる事実をたんたんと受け止める、ということです。

具体的に説明すると、たとえば、休日に「出かけよう」と思った矢先に何となく気分が憂うつになったとしたら、「あれ？ 今日は何だか気分がよくないな。休日はどこへ出かけても混んでいるから、今日は家でおとなしくしていよう」と、気分が沈んでいることを受け入れるのです。

そして、自宅で過ごしているときも、「たまにはこういう日もあるよね。明日になればきっと直るはず」と考えて、気分が沈んでいるのを極力気にしないようにしているのです。

ポイントは、無理に元気を出そうとせず、ありのままの状態を受け入れることです。あれこれと考えすぎず、自然と気持ちが上向いてくるのを待てばいいのです。

ちょっとくらいマイナスの感情が増えても、割り切るくらいの心の強さを持つことが大切です。

そうすれば、気分が沈んだときも、自分を大切にすることができるのです。

気分が沈んでいるときは、無理してポジティブに考えずに、落ち込んでいる事実をたんたんと受け止める

19 自分の好きなことをする時間をつくる

「自分を大切にする」というと自分に優しくすることばかりを考えてしまいますが、自分の喜びを一番に考えることも、同じくらい意味のあることです。

自分の喜びを一番に考えるためにも、ぜひやってほしいのが、自分の好きなことをする時間をつくることです。

たとえば、「映画を見るのが大好き」という人なら、時間の許す限り、映画を見る時間をつくるとよいのです。

「今月は時間がないから、映画館へ行けない」というなら、レンタルビデオを借りて自宅で鑑賞してもいいでしょう。「最近は、これといって興味のある映画がない」と感じているなら、昔の名画を探してみるのも楽しいと思います。

「何の映画を見ようかな」と迷っているとき、映画を見ている最中、映画を見終わった後、友達と感想を言い合うとき、そのように、映画に触れている時間が多いほど、プラスの感情が増えていくはずです。

自分を愛せない人は、自分の好きなことがあっても、「今はそんなことをやっている場合じゃない」と我慢してしまいがちです。

しかし、自分の喜びを我慢ばかりしていると、次第に自分を投げやりに扱ってしまうようになります。

そして、次第に、自分の好きだった物事さえわからなくなっていくのです。

自分を大切にするには、自分で自分を喜ばせてあげることが重要です。

「しあわせは歩いてこない、だから歩いてゆくんだね」

これは、昭和43年に国内でヒットした歌謡曲「三百六十五歩のマーチ」の歌詞です。

自分を愛せない人は、他人から何か幸せや喜びを与えられるのを待っているケースが多いようです。

しかし、待つだけでは自分を愛せません。

それよりも、積極的に自分の好きなことをすれば、喜びは簡単につくりだせるし、どんどん自分を好きになっていけるのです。

好きなことをすれば、心は喜んで、どんどん自分を好きになっていく

20

自分の得意なことを選ぶ

自分の喜びを一番に考えるために、もうひとつ重要なことがあります。

それは、あらゆる場面で自分の得意なことを選ぶようにする、ということです。

自分を愛せない人の中には、「苦手なことをなるべく減らしたい」という思いから、自分が得意でないことにがんばって挑戦している人がいます。

また、他人の犠牲になって、本当はやりたくない苦手なことをやらざるをえない状況に甘んじている人もいます。

人間、生きていれば苦手なことをしなければならない場面も当然あります。

しかし、無理をして苦手なことをずっと続けていると、どんどん空しい気持ちになってきて、ますます自分のことが嫌いになってしまいます。

人は、自分の心が喜ぶことをしなければ、心の中のプラスのエネルギーがどんどん減って、運勢もダウンしてしまうのです。

そのためには、自分の苦にならないこと、つまり得意なことを選ぶように心がけることが大切です。

たとえば、毎日の生活の中でたくさんの時間を費やす仕事は、やはり自分の得意な分野や業務を選んだほうが断然うまくいきます。

ある人気歌手の女性は、もともとは地方の田舎でバスガイドの仕事をしていました。しかし、東京に行きたいという気持ちが抑えきれず、上京してしばらくの間、エステティシャンとして働いていました。

彼女は歌が好きだったので、しばらくするとバンドを組みました。そして、今では大きな会場もいっぱいにできるような人気歌手になったのです。

実はこの歌手の女性は、子どものころから歌が得意で、歌うことが大好きだったのです。

バンドを組んだときは、まさかプロになれるとは思っていなかったのですが、思い切り好きなことをやろうと決めて挑戦した結果、素晴らしい毎日を手に入れたのです。

自分の好きなこと、得意なことは自分が一番よく知っています。誰にも遠慮はいりません。好きなことを続けた先には、いいことがたくさん訪れるのです。

苦手なことを無理してやるよりも、苦にならないことを選ぶほうがうまくいく

21 自分を認めてくれる人と交流する

自分を好きになるための行動のひとつとして、自分を大切にしてくれる人とつき合うことが、とても大切です。

自分を愛せないという人は、一度、身近にいる人がどんな性格をして、どんな言葉使いをしているか、そして「その人が自分を大切にしてくれているかどうか」という視点を持って、観察してみるといいと思います。

すると、何人かは「この人は他人に攻撃的な性格だ」「あの人は口を開く度に人の悪口や批判ばかり言っている」「そういえば、彼女は私を嫌いだと言っていた」というふうに、ネガティブな思考をしている人が出てくると思います。

しかし、自分を大切にしたいと考えるなら、そういうネガティブな人たちとは少し距離を置いてつき合ったほうがいいと思います。

なぜなら、私たちの心は、一緒にいる人たちに強く影響されるからです。

たとえば、よく会う友達に、「あなたって、人を苛立たせる性格よね」「あなたって男性にモテないよね」と言われ続けたら、どんな気分になるでしょう?

はじめのうちは、「何でそんなことを言うんだろう」と気分が悪くなりながらも、軽く聞き流せるかもしれません。

しかし、会う度に同じことを言われたら、どんどん落ち込みが激しくなっていき、心の中にはマイナスのエネルギーが増えていくでしょう。

その逆に、会う度に「あなたはどんどん魅力的になっているね」「あなたと会うと楽しい」と言ってくれる友達がいたら、その人のそばにいるだけで、心はポジティブになっていくのです。

つまり、自分を愛するためには、自分を認めてくれる人と意識的に交流することが必要だということです。

「類は友を呼ぶ」という言葉もあるように、人は似た者同士で自然に集まって仲間をつくるものです。今、自分の身近には自分を認めてくれる人がいないならば、勇気を出して、ポジティブな友達を探してみましょう。

自分に自信が持てないときは、ネガティブ思考の人とは距離を置いてつき合う

22

自分との約束を優先する日を作る

自分を愛している人は、自分の毎日に満足しています。

反対に、自分のことを好きになれないという人は、「こんな暮らしはイヤだ」という不満を持っています。

自分の毎日に満足するためのひとつの方法に、「自分を最優先する時間を作る」ということがあります。

私たちは、仕事の約束や友達との約束は、できるだけ守ろうとするものです。

しかし、自分との約束は簡単に破ってしまいがちです。

「今月はひとりで映画を観に行こうと思っていたけれど、仕事が忙しくてそれどころではないからあきらめよう」といった経験を持つ人は多いのではないでしょうか。

自分よりも他人を優先するということは、悪いことではありません。人の役に立つことで、自分自身も嬉しくなるということもあるでしょう。

しかし、常に他人のことを優先して、自分との約束を守れないようだと、それは問題です。

仕事より、友達より、自分との約束を優先する日を作ろう

人は誰でも、自分ひとりになる時間が必要だからです。ときどきでもいいので、ひとりきりでホッとできる時間があると、それだけで日々のストレスは減っていきます。

逆に言うと、人からの頼まれごとばかり引き受けていて忙しくしている人は、ひとりでホッとできる時間がないため、ストレスがどんどん溜まってしまうのです。

自由な時間というのは、黙っていてもわいてきません。

意識的に、「この日は自分を最優先しよう。他に何か頼まれても、断ろう」と決めておかないと、どんどん別の予定が入ることになってしまいます。

毎週が無理なら、月に何度かでもいいのです。

「今日は自分だけのために使う日」を設けて、それを何よりも優先するという習慣を持つことが大切です。

そう決めたら、今すぐに手帳に「自分の日」を書き込むことをおすすめします。

自分のためにアポイントメントを取るようになると、「今日は楽しかった」という日が増えて、自分の生活が好きになってくると思います。

第3章

今の自分に満足する

23 「足るを知る」という精神を持つ

「自分を愛せない」と悩む理由として多くの人があげる理由に、「今の自分の生活に満足できない」「今の自分自身に満足できない」というものがあります。

「満足できない」と考えているときの心の状態は、当然マイナスのエネルギーが優位になっています。

「有名企業に就職して、将来有望な男性をつかまえる予定だったのに……。希望していた会社には採用してもらえなくて、小さな会社で働くハメになった」

「この年になるまで、将来のことを何も考えてこなかった。今さら真剣に人生を考える気にもならないし、ただ毎日流されるまま生きていくしかないのかな……」

こんなふうに考えていると、「私はダメな人間」という価値観から離れられず、いつまでたっても自分を愛せるようにはなりません。

では、これらの悩みがすべて解決できたとしたら、自分の人生に心から満足できて、自分を愛せるようになるのでしょうか？

「はい」と答えられればそれに越したことはありませんが、人間の心というのはそんなに簡単なものではないのです。

「満足できない」という思いを抱えて生きている人は、たとえ目の前の問題が解決したとしても、「でも、この部分は満足していない」と新たな不満を感じてしまう傾向が強いのです。

つまり、自分を愛せない原因は、自分を苦しませる悩みにあるのではなく、どんなことに対しても満足できない自分の心そのものにあるのです。

古代中国の思想家である老子の言葉に、「足るを知る者は富めり」というものがあります。「足るを知る」とは、「自分自身の現状に満足する」という意味です。

このような満足感を持つことができると、今どんな状況に置かれていようと、また、自分自身にちょっと問題があっても、自分を愛することができるようになります。

「足るを知る」精神を持つと、心はプラスのエネルギーで満たされるようになるのです。

自分を愛せない原因は、どんなことに対しても満足できない自分の心にある

24 他人と自分を比べるのをやめる

人間は誰でも、何かにつけ他人が気になるものです。

魅力的な人に会えば、「あの人はどんな生き方をしているの？」と興味を持ちます。

また、身なりのいい人を見ると、「彼女はなぜあんなに高価そうな洋服を着られるのだろう？　もしかして家がお金持ちなのかな？」というふうに詮索したい気持ちになることもあるでしょう。

そして、他人に関心を持つと同時に、「あの人と比べて、私はダメだな」とか「彼女と比べて、私はどうだろう？」というふうに自分と比べてしまう人も多いようです。

今の自分に満足しているなら、他人と自分を比べても、心が揺らぐことはないと思います。しかし、今の自分に自信を持てない人が他人と自分を比べると、たいていの場合、心の中にマイナスの感情を増やしてしまうので注意が必要です。

真由美さん（仮名・31歳）は、派遣社員として銀行に勤めています。

正直なところ仕事にやりがいを感じることもなく、給料も高いとはいえませんが、残業もあまりなく休日もしっかり取れるため、彼女はこの状況を受け入れていました。

そんなある日、真由美さんはばったり学生時代の友達に再会しました。久々に会えたことが嬉しくて、2人は一緒に食事をし、お互いの近況を報告し合いました。

以前から「人の役に立つ仕事をしたい」と言っていた彼女は、一度就職した会社を辞めた後、鍼灸師の資格を取ったそうです。そして、今では治療院に勤めながら、個人でもお客さんをかかえる売れっ子鍼灸師になっていたのです。

その日からしばらくの間、真由美さんは彼女に対して「うらやましい」という気持ちと「それに比べて私は……」というひがむ気持ちを持つようになりました。

しかし、あるとき、「私は今の仕事に満足しているんだから、人と比べたって仕方ない。彼女のことをうらやましく思うのではなく、彼女ががんばっていることを素直に認めよう」と気持ちを切り替えて、ようやくいつもの自分に戻ることができました。

他人と自分を比べても、意味がありません。自分を愛するためには、「人は人、自分は自分」と割り切ることも大切です。

今の自分に自信が持てないときは、「人は人、自分は自分」と割り切ることが大切

25 一日の終わりに、今日あった「いいこと」を探す

「毎日イヤなことばかり。私の身にはいいことは起こらないのかしら?」

今の自分の生活に満足していない人は、常々こんなふうに考えています。

「毎日はつまらないもの」「自分にはいいことが起こるはずがない」というマイナスの思い込みがあるためです。

しかし、そんなネガティブ思考の人の元にも、意外と「いいこと」はやってきているのです。ただ、その「いいこと」に気づく能力が足りないのです。

なぜ気づかないかというと、彼女たちにとっては、プレゼントをもらったとか、かっこいい男性と食事できたといったような、他人からうらやましがられるような特別なことでないと、「いいこと」とは感じられないからです。

一方、今の自分に満足している人は、毎日の生活の中で「いいこと」を見つけるのが上手です。

「新しい化粧品を試してみたら、肌の調子がよくなった」

「偶然見つけたお店で、私好みの安くてかわいいネックレスを発見した」

一日の終わりに「いいこと」を見つけると、「今日もいい日だった」とプラスの感情が味わえる

彼女たちにとって、「いいこと」とは決して特別なことではありません。「他人がどう思うか」を基準にすることもありません。

あくまでも、自分の心にプラスの感情が芽生えれば、それが「いいこと」なのです。

「いいこと」が多い毎日ですから、彼女たちは、そういう自分や自分の人生を大好きになれるのです。


自分を愛せない人に試してほしいのが、一日の終わり、つまり夜や寝る前に今日あった「いいこと」を探すということです。


なぜ一日の終わりがいいかというと、たとえその日にイヤな気分を味わったとしても、「いいこと」が見つかることで、結果的に「今日もいい日だった」とプラスの感情を味わって一日を終えることができるからです。

「いいこと」が毎日見つかるようになれば、「私の人生も悪くないな」と自分を好きになれるかもしれません。

26 後悔している思い出は忘れる

自分を愛せない人の中には、過去に起きたトラブルや悲しい出来事が原因で、今の自分に満足できないままでいる人がいます。

「あのとき、彼とケンカ別れしていなければ、今ごろは結婚して、毎日がハッピーだったかもしれないのに……」

「どうして、あの会社を辞めてしまったんだろう。上司は怖かったけど、今の会社よりもずっと給料がよくて残業も少なかったのに……」

このように、過去のことを思い出しては、「どうして、今の自分はこんなふうになってしまったんだろう……」と後悔ばかりしていると、心の中にはマイナスの感情が増えてしまいます。

そのため、今楽しいことがあってもいまいち気分が盛り上がらなかったり、ハッピーな出来事が起こったりしても、心から喜ぶことができなくなったりします。

つまり、自分の意識が「現在」ではなくて、過去の苦しい思い出に向いているのです。

このような状態では、今の自分に満足することはむずかしいでしょう。

私たちは、日々いろいろなことで悩むものですが、その悩みの対象が現在のことやこれから先の未来のことならば、自分の力で解決することもできます。

でも、後悔していることや過去のイヤな思い出は、どうすることもできないのです。

そして、どうすることもできないことにいつまでもこだわっていると、悩み自体から抜け出せなくなってしまいます。

仏教には、「執着を捨てれば、苦しみはなくなる」という教えがあります。

「執着」とは、ひとつのものに心をとらわれて、そこから離れられない、という意味です。

過去の後悔やイヤな思い出を忘れられないのも、それらに執着しているからです。

自分を愛するには、心の中にあるマイナスの感情を手放すことが必要不可欠です。

すぐに忘れることはできないかもしれません。しかし、「もうこの思い出は忘れよう」という覚悟を持つことです。決意することで、その過去は少しずつ消えていくでしょう。

過去のイヤな思い出を手放す覚悟があれば、マイナスの感情は消えていく

27 高すぎる理想はコンプレックスの裏返し

自分を好きになれない人の中には、理想が高すぎる人が多いようです。

どういう意味かというと、理想が高い人というのは、自分のコンプレックスを埋めるために他人の力を借りようとしていることが多いのです。

逆に、自分のことを好きな人は、今のままの自分に価値があることを知っているので、必要以上に自分を飾ろうとはしません。ですから、理想も高すぎず、自分の身の丈にあったところを目指すのです。

結婚相談所でカウンセラーをしている人がこんな話をしていました。

「恋愛でも結婚でも、相手が見つかりやすい人には特徴があります。女性の場合だと、恋愛がスムーズに進み、結婚が決まりやすいのは、理想が高すぎない人です」

逆に、「年収が○○○万円以上ある人」「身長が175センチ以上で太っていない人」というように、理想が高く、条件で相手を選ぶ女性は、そもそもそういう相手が少ないこともあり、相手と結ばれる可能性は低くなってしまいます。

誤解しないでほしいのですが、理想を持つことは決して悪いことではありません。

コンプレックスを埋めるために他人を利用しようとしていないか？

人は「こうなったらいいな」という理想を持つことで、心にプラスの感情を増やし、夢や希望を叶えることができるからです。

しかし、その理想が、自分の心が喜ぶからではなく、「人に見せたときに恥ずかしくないように」「友達に自慢できる人がいいから」というような理由で選んだものだと、その理想が叶ったとしても、幸せを感じることはできないのです。

「あなたは理想が高い」と言われるという人は、その原因が自分のコンプレックスにないかどうか、考えてみるといいでしょう。

もしコンプレックスに原因があると思ったら、その理想は本当の自分の心が求めているものではありません。

その理想は一度捨てて、本当に自分の心が求める理想について考えてみましょう。

人目を気にしてつくった理想ではなく、本当の自分の心が求める人がわかったときに、幸せが手に入るのです。

28 「ほどほどにできればいい」と考える

私たちの心は、ストレスを感じると、マイナスの感情が増えてしまいます。

反対に、満足感を得ると、心にはプラスの感情が増えていきます。

ということは、毎日の生活の中でどれだけ満足感を得られるかが、自分を愛するカギとなります。

「私は気づかないうちにストレスを溜め込んでしまう」という人に話を聞くと、どんなことに対しても「これでいい」とオッケーを出す基準が厳しいケースが多いようです。

簡単にいうと、完璧主義な性格の人です。

たとえば、「最近、肩が凝ったり、腰が痛くなったりすることが増えた」「食べすぎて体重が増えてしまった」といった理由で、何か運動をはじめることにしたとしましょう。

こういうときに、完璧主義の人は、「毎日かならず5キロジョギングしよう。ちょっとくらい疲れていてもがんばろう」「退社後はスポーツクラブに通って、水泳とエアロビクスをするのを習慣にしよう。だから、上司や同僚に飲みに誘われても断ろう」というふうに、立派な目標を立てて、その目標を100パーセント完璧に守ることを目指します。

しかし、私たちの心は完璧にはできていません。

「今日はジョギングの日だ」とわかっていてもどうしてもやる気の出ないときもあるし、「退社後はスポーツクラブへ行く」と決めていても、友達と遊びたい日もあるでしょう。

それなのに、「絶対、これをやらなければ」と自分を追い込んでしまうと、やる気の出ない自分にイライラしたり、「なんでできないんだろう」という自己嫌悪におちいってしまったりして、これまでできていたことにさえ満足がいかなくなってしまうのです。

そもそも、私たちの生活というのは、たいていのことは完璧でなくても、ほどほどにできていればすむことばかりです。今の自分に満足するには、「ほどほどにできればいい」と考えるゆとりが大切なのです。

100パーセント完璧を目指すことをやめると、たくさん満足感を得ることができる

29 何でも競争しようとしない

私たちの住む社会は、競争にあふれています。

子どものころは、親から「あの子よりも字が上手に書けるように」と言われたり、学校の先生からは、成績や運動の出来で順位が決められたりします。

社会に出ると、仕事でのライバル争いや、営業成績の競争などに、いやおうなく参加しなければなりません。

またプライベートでは、恋をめぐる同性同士の争いがあったり、友達同士では「誰がいちばん幸せか」というような個人的なことまで競ったりすることもあります。

このような世界にずっといると、競争するのは当たり前で、他人に勝つことが正しいと思いがちです。

しかし、あまりにも多くのことで競争しようとすると、勝負に勝っても負けても、自分自身に満足することができなくなるのです。

純子さん（仮名・29歳）は、競争心の強い性格です。

たくさん競争しようとすると、勝負に勝っても負けても、自分に満足できなくなる

たとえば、友達が「私、今度の休みにハワイへ旅行するんだ」と報告してきたとしたら、「私だって、旅行くらいいつでも行けるわ。ハワイよりずっとステキな場所を探している最中なの」というふうに、友達に対抗するような言い方をしてしまいます。

また、職場では、自分以外の同僚が上司にほめられていたら、その同僚に向かって、「私のほうがもっとむずかしい仕事をしているんだけど。あなたは気楽でいいな」と嫌味を言って、上司に対しては、「今以上に仕事をがんばりますので、もっと評価を上げてください」と直談判にいくのです。

純子さんは自分に自信がありそうに見えますが、心の中では「競争して、人に勝たなければ自分を愛せない」という思い込みにしばられているのです。

今の自分に満足するには、競争は必要な場面のみにしておいたほうが懸命です。

30 欲を上手にコントロールする

今の生活に満足して、充実した気持ちで生きていくためには、「あれが欲しい」という欲望を上手にコントロールすることが大切です。

人は、誰でも欲望を持っているものです。

「自分を愛せるようになりたい」「今の生活に満足したい」という気持ちも欲望の一種です。ですから、人が幸せになるためには、ある程度の欲は必要なのです。

その証拠に、キリスト教や仏教などの教えでは、人の欲を完全に否定していません。

しかし、「あれも欲しい、これも欲しい」と欲張ったり、「欲しいものが手に入ればいい」という自分の利益ばかり追い求めたりするような我欲はよくありません。

聖子さん（仮名・26歳）は、ショッピングが大好きです。

メイク道具や洋服、アクセサリー、バッグから食器や家具などのインテリア品まで、今、流行っているものを買いそろえなければ気がすまないといいます。

先日も、親友と百貨店でショッピングをして、新しい靴を買いました。

そのとき、親友に「ちょっと前にも靴とバッグを買っていたよね？　もう新しいものを買うの？ お金は大丈夫？」と言われ、聖子さんはこんなふうに答えました。

「そうなんだけど、実は、この前買った靴があまり気に入らなくて……。新しいのを見たら、つい欲しくなっちゃったの」

聖子さんは、欲しいものを手に入れても、決して満足しているわけではないのです。ひとつ買ったら「そういえば次はピアスが欲しいな」と思ったり、買ったものをしばらく使ったら「そろそろ飽きたから、新しいものが欲しいな」と思ったりして、結局、欲はふくらむ一方なのです。

この例をふまえると、果てしなく欲を追い求めていく生活は、決して満足のいくものでもないことがわかります。

そんな状態が続いていると、心にもプラスのエネルギーが増えていきません。

今の生活に満足するには、欲をコントロールしながら、自分の目で欲しいものをしっかり見極めることが大切なのです。

欲張りすぎると、欲しいものを手に入れても、決して満足することはできない

31 すでにある「幸せ」に気づく

他人からすれば十分に恵まれているように見えるのに、本人は不満だと思い込んでいるケースは意外とあります。

「友達が結婚を機に遠くへ引っ越してしまった。あんなに気が合う人はそうそういないから、寂しいな」

「自分の予定を削って残業までしているのに、誰も私に感謝してくれないな」

このような日常生活のちょっとした不満を解消するには、目の前のことはいったん忘れて、自分が「すでに持っているもの」に注目してみることをおすすめします。

「気が合う友達は遠くへ引っ越してしまったけど、他にも仲良くしている友達がいる」

「残業しても誰も感謝してくれないけど、残業代がもらえて、仕事の能力が上がった」

こんなふうに考えてみると、「私って、恵まれているんだな」と気づき、今の自分に満足することができるはずです。

実際、世の中には「心を開いて話せる友達がいない」「なかなか友達ができない」と悩んでいる人はたくさんいます。

自分が「すでに持っているもの」に注目すれば、ちょっとした不満はすぐに消える

ですから、ひとりの友達が遠くへ離れてしまっても、他にも仲良くしている友達がいるなら、かなり恵まれているのではないでしょうか。

また、残業しなければならないほど仕事があること自体、幸せなことです。

そして、何より残業することで収入が増えて、能力がアップするなら、見方を変えれば、誰かに感謝されるよりもいいことのような気がします。

それ以外にも、探してみれば、「すでにある幸せ」はたくさんあるはずです。

家があることも、健康なことも決して当たり前のことではありません。

自分を愛している人は、自分にとって「当たり前」のことこそ、実は「幸せ」なことなのだと気づいています。

そのため、不満を感じても、すぐに打ち消すことができるのです。

32
どんなことにも感謝する

人は、何かに感謝しているとき、心の中のプラスのエネルギーが増えています。

そのため、日常生活の中に感謝の気持ちを感じる機会を増やすようにすると、心の中には満足感がわいてくるようになります。

松下電器産業（現社名：パナソニック）の創業者で「経営の神様」といわれた松下幸之助さんがこのような言葉を残しています。

「感謝の気持ちを忘れてはならない。感謝の気持ちがあってはじめて、物を大切にする気持ちも人に対する謙虚さも生きる喜びも生まれてくる」

松下幸之助さんは数多くの著作の中で、感謝することの大切さを幾度も説いています。

それは、彼自身が、従業員や商品を買ってくれるお客さんだけでなく、ありとあらゆるものに感謝したからこそ、事業を成功させることができたと実感しているからに他なりません。

こういうと、「感謝することが大切なのはわかるけど、どんなことに感謝すればいいの？」と疑問を持つ人もいるでしょう。

感謝というと、誰かに親切にしてもらったり、何か恩恵を受けたりしたときに「ありがとう」と言うだけだと思いがちですが、それだけではありません。

感謝する対象というのは、自分から探そうとすればいくらでも見つかるものです。

たとえば、いつも健康で風邪もほとんどひかないという人は、まず健康な体に産んでくれた両親に感謝することができます。

また、病気にかからず、いつも正常に動いてくれている自分の内臓や筋肉もありがたく思えてくるでしょう。

さらに視野を広げていくと、健康を保つための食事ができるのは、その材料をつくってくれている農家の人、その食材を売ってくれるスーパーの人、食材を買うためのお給料をくれる会社があるからです。

このように想像すると、あらゆることに感謝の念がわいてくると思います。

今の自分に満足するためには、どんなことにも感謝することが大切なのです。

自分から感謝する対象を探せば、あらゆることに感謝の念がわいてくる

33 立派な人間になろうとしなくていい

「人からほめられるような立派な人にならなければいけない」

「だらしない自分はよくない。いつもがんばっているべきだ」

「人からうらやましがられるような結果を残さなければ」

そんなふうに「○○すべきだ」「○○しなければならない」というような立派な目標を持って生きている人は、意外と多いものです。

しかし、その気持ちが強すぎると、その通りにできなかったときに自分を責めたり、自己嫌悪に陥ったり、自分を追い込んだりすることにつながるため、あまり堅苦しく考えないことが大切です。

もちろん、そういう目標を持つことは素晴らしいことです。その目標を追いかけているとき、自分が幸せな気分になるなら、何の問題もありません。

しかし、立派な目標のせいで、その通りにできない自分を嫌いになってしまう人は意外といるものです。

また、「常に努力するべきだ」というような目標を持っていると、いつの間にか他人にもそうすることを求めてしまい、「あの人は努力していない」と人を非難したり、怒ったりしたくなるという人もいます。

もし、自分がそうかもしれないという場合には、「〇〇すべき」といった目標はやめて、新しい目標を立てるといいでしょう。なぜなら、人からよく思われたいと思うことよりも、もっと大切なことがあるからです。

それは、自分の人生を楽しむということです。

他人から見てどんなに立派な人になれても、自分自身が「楽しくない」「維持するのが大変だ」と思っていれば、心にはマイナスのエネルギーがたまり、幸せになるどころか不幸を呼び寄せてしまうでしょう。

世間でどんなに「いいこと」と言われていることでも、自分がそれをやって幸せになれるとは限らないのです。

自分を誰かの考えた「立派な人」という型にはめるのではなく、自分の心の内側からわいてくる「こんな人になれたらいいな」という気持ちに素直に従いましょう。

「〇〇すべき」「〇〇しなければいけない」という目標は自分らしさを見失う原因になる

第4章

プラスに考える習慣を身につける

34

何かが起こったら、プラスの方向に考える

生きていると、さまざまなことが起こります。いいことが起きることもあれば、悪いことが起こることもあります。

いいこと、悪いことの起きる割合は人それぞれですが、自分を愛せない人というのは、「自分には悪いことがよく起きる」と思っている人が多いようです。

自分を愛せない人は、心の中にマイナスのエネルギーが溜まっているせいで、何かが起こるたびに、悪いほうに考えるクセが身についてしまっているからです。

たとえば、職場で上司から仕事を頼まれたとします。「急いでほしい」と言われたので、バタバタと慌ただしく進めたところ、提出直前に小さなミスがあることがわかりました。

こういうときに、悪いほうにばかり考えてしまう人は、「急いでいるときに限って、いつもはしないような小さなミスをしちゃうんだよね。本当、私ってダメね……」「上司が急がせるから、こんなミスをしてしまうんじゃない！　もっと早く言ってくれれば、きちんと完成できるのに」というふうに考えてしまいがちです。

しかし、この出来事はプラスの方向にも考えることができるのです。

「小さなミスでよかった。大きなミスだったら直すのに時間がかかってしまって、提出期限に間に合わないところだった」

「上司に提出する前にミスが見つかってよかった。提出した後だったら、もしかしたら怒られてしまっていたかもしれない」

こんなふうに考えると、ひとつの出来事も見方によって意味合いが変わってくることがわかります。

「自分はこれまで悪いほうばかりに考えていたかもしれない」と思った人は、これからは何か起こったら意識してプラスに考えるように努めてみましょう。

そうすれば、心にプラスの感情が増えて、少しずつ自分を愛せるようになるでしょう。

悪いほうに考えるクセをやめると、心にプラスの感情が増えやすくなる

35

まずはマイナスの感情をゼロに戻すことから

自分を愛するためには、何が起きても悪いほうへ考えないようにすることが大切です。

しかし、これまで「自分を愛せない」と悩んできた人は、どんなことでもいきなりプラスに考えるのはむずかしく感じるかもしれません。

そういう人は、もしイヤなことが起こってマイナス感情がわいてきたら、その感情をまずはプラスマイナスゼロの状態にすることを心がけてみるとよいでしょう。

たとえば、どこかで自分の財布を落としてしまったとしましょう。

こういうとき、たいていの人はあせりや不安、恐怖などで心がマイナスの感情でいっぱいになるはずです。

「どこで落としてしまったんだろう？ さっき乗った電車の中かな？ それとも、会社に行く途中だろうか？ まったく見当がつかない」とパニックになる人もいれば、「もしかして、落としたのではなくて盗まれたかもしれない……。中にはクレジットカードや保険証も入っているから、悪用されてしまったらどうしよう」と、さらに悪いことを想像して、絶望的な気持ちになる人もいるでしょう。

財布を落とすということは、誰にとっても、それだけショッキングなことなのです。

しかし、「覆水盆《ふくすいぼん》に返らず」ということわざもあるように、一度起きてしまったことは、もう元へは戻りません。

どんなに悔やんだところで、財布を落としてしまった事実は変わらないのです。

もちろん警察に届ける、心当たりの場所を探すなどの努力をすることは必要です。でも、それでも見つからない場合は、まずはマイナスの感情をゼロに戻すような考え方をしたほうが、気持ちを落ち着かせることができます。

「財布以外のものは落としていないのが、不幸中の幸いだ」

このように考えれば、必要以上にマイナス感情に振り回されずにすむのです。

起きたことはもう、仕方ありません。大切なのは、マイナスの出来事が起きたときに、必要以上に落ち込まないで、できるだけ早くいつもの自分に戻ることです。

プラスに考えることがむずかしければ、マイナスの感情に振り回されない考え方をする

36 イヤなことが起きたら、「心のデトックスができた」と考える

何かイヤなことが起こったときに、「私ってなんてバカなんだろう」と自己嫌悪におちいってばかりいると、心の中にマイナスのエネルギーが増えて、さらにイヤなことが起こることがあります。

なぜかというと、心の中にあるマイナスのエネルギーが、イヤなこと、つまりマイナスの出来事を引き寄せてしまっているのが原因だからです。

ですから、イヤなことが起きたら上手に頭を切り替えて、心の中のマイナスエネルギーをプラスに変えることが大切です。

では、具体的にどう考えればいいかというと、イヤなことが起きたときに、「ラッキー！ これでデトックスできた」と考えるのです。

もともと「デトックス（解毒）」とは、体の中に溜まった有害な物質を体の外に出すときに使われる言葉ですが、最近はダイエットや健康のために、あえて食事を減らす『断食』をして、体の外へ有害物質を出すことに対してもデトックスという言葉を使うようになっています。

マイナスの出来事が表に現れてきたら、それは心の中がキレイになってきた証拠

デトックスをすると、個人によって症状はさまざまですが、一時的に熱や湿疹が出たり、肌が荒れたりするなど、体に変調をきたすことがあります。

しかし、その症状は「体の中が少しずつキレイになっていますよ」というサインだといいます。

同じ現象が心のデトックスにも起こるのです。私たちの心の中にマイナスの感情がたくさん溜まっていると、デトックスとしてマイナスの出来事が形となって現れるということです。

つまり、イヤな出来事は心の中にあったマイナスの感情が外に排出された証拠なので、心の中はかえってキレイに変わっていっているのです。

イヤなことが起きても、自分を嫌いになることもなく、「デトックスをしたから、次はきっといいことが起こる」と考えるようにしましょう。

37 想定外の出来事は、チャンスととらえる

私たちの日常には、想定外の出来事がときどき起きます。

毎日をただ何となく過ごしている人からすれば、「いきなり予想もしないことが起こるなんて困る」と驚き、心の中は混乱してしまうに違いありません。

しかし、こういう場面でプラスに考えることができれば、心の中に自信が芽生えて、自分を愛せるようになります。

化粧品の会社に勤める独身の和歌子さん（仮名・32歳）は、ある日突然、上司から地方への転勤を言い渡されました。

営業を担当している和歌子さんは出張こそ慣れていましたが、まさか転勤をすることになるなんて予想もしていませんでした。

彼女は転勤をイヤなこととして受け止めていました。

「大人になってから、住み慣れた土地を離れるのはさみしい。新しい職場になじめるかわからないし、友達もできないかもしれない。悲しいことがあっても、ひとりきりで耐えなければいけないなんて、つらすぎる。家族がいる人が行けばいいのに……」

しかし、上司から「和歌子さんなら、転勤をしてもきっとうまくやっていける」という励ましの言葉をもらい、気持ちを切り替えました。

「転勤はチャンスかもしれない。これまでの仕事の人間関係は少しギスギスしていたから、今度こそいい人間関係を築けるかも。新しい出会いだってきっとある」

こんなふうに考えていると、和歌子さんは転勤が楽しみになってきたそうです。

それから1年後、彼女は以前よりも営業の成績が上がり、さらには新しい職場で意気投合した同僚と結婚することになったといいます。

和歌子さんが、転勤に対するマイナスの気持ちを引きずったままでいたら、こんなに幸せな未来はなかったかもしれません。

思いがけない出来事は、実は人生を転換するチャンスだったということがよくあります。

想定外の出来事は、考え方次第で自分を苦しめるものではなく、望み通りの人生を手に入れるためのきっかけになるのです。

マイナスの気持ちを切り替えることができれば、想定外の出来事はチャンスに変わる

38

失敗は「ひとつの経験」と考える

心にマイナスの感情が溜まる原因のひとつに、過去の出来事を「失敗」と受け止めていることがあります。

特に、自分の思い入れが強いことで失敗したときは、大きなダメージを受けてしまい、「あのことで失敗したから自分を愛せなくなった」と思い込んでしまうことがあります。

「女優になりたい」という夢があった華代さん（仮名・25歳）もそうでした。

彼女は10代のころから、映画やテレビなどのありとあらゆるオーディションを受けては、落ちるという「失敗」をくり返していました。

その度に、「どうして私はなかなかオーディションに受からないんだろう。精一杯やっているから、せめて小さな役くらいはもらえてもいいはず……」と落ち込んでいました。

そんなある日、彼女と同じように女優を目指している仲間のひとりが、映画のオーディションに合格しました。しかも、そのオーディションは華代さんが先日受けて落とされたものだったのです。

それからというもの、華代さんはショックから立ち直れず、次のオーディションにまで支障をきたすようになってしまいました。

「どんなに実力をつけても、オーディションに受からない自分がイヤでしょうがない」

こんなふうにどんどん悪いほうへ考えてしまい、彼女はついにオーディションを受けるのをやめてしまったといいます。

華代さんが落ち込んでしまうのは仕方のないことかもしれませんが、いくら自暴自棄になっても状況はよくなりません。

こういうときは「失敗」をそのまま失敗ととらえず、「ひとつの経験」と考えていくのが、次に進むステップとなります。

「このオーディションに落ちたということは、他に自分にふさわしい役があるから」

「この経験を生かせば、次こそはオーディションに有利になるだろう」

こう考えれば、失敗は失敗でなくなり、成功のために必要な経験となるのです。

失敗をそのまま失敗ととらえなければ、成功のために必要な経験となる

39　間違ったことをしたら、同じ過ちをおかさないようにする

人は誰でも、間違ったことや過ちをおかしてしまう可能性があります。

「私は誰かを傷つけたりしない」と思っている人でも、知らず知らずのうちに誰かを傷つけてしまったことが人生の中で一度や二度はあると思います。

こういうとき、自分を愛せない人は必要以上に罪悪感を持ってしまい、精神的に追いつめられてしまうことがあります。

公務員の晴美さん（仮名・26歳）は、新入社員のときに、先輩たちと一緒に同僚をいじめていました。

最初のうちは「彼女に恨みはないけど、先輩たちに逆らうと恐いから」と思ってイヤイヤいじめに参加していましたが、次第に彼女もこの状況に慣れてきて、いじめを悪いことだと思わなくなりました。

結局、いじめられた同僚は心を病んで、会社を辞めてしまいました。

そこで晴美さんは、「取り返しのつかないことをしてしまった」と気づき、その同僚に「本当にごめんなさい。つぐないをさせてください」と謝りました。

その同僚は、「晴美さんは悪くないよ。先輩にいじめを命令されていたのを知っていたから」と言って許してくれましたが、晴美さんは今でも罪悪感を抱いているようです。

そのせいか、彼女は「私みたいな最低な人間は幸せになる資格はない」と思い込んでしまい、どんなことをしても心が晴れないといいます。

晴美さんのしたことは、確かに許されないことです。周囲に流されたにしろ、他人を傷つけることは、間違っていると思います。

しかし、彼女は心から反省し、罪を悔い改めようとする気持ちがあるので、そろそろ罪悪感を手放してもいいころです。

「もう二度と同じ過ちをおかさないようにしよう」「もし、いじめられている人がいたら、かならず助けるようにしよう」というようにプラスに考えることです。

そして、悲しませてしまった相手の幸せを心から願う、という習慣を持つのです。

願うことは、心を癒します。そして、自分を許すことにもつながるのです。

過ちをおかしてしまったら、心から反省して、相手の幸せを考える

40
「思い通りにならなくてよかった」と考える

「人生が思い通りにならないから」という理由で自分を愛せない人に知っておいてほしいことがあります。

それは、自分の思い通りにならないほうが、結果として幸せな場合もあるということです。

フリーでカメラマンをしている直子さん（仮名・30歳）は、仕事を通じて知り合った会社経営者の女性とどうしても仲良くなりたいと考えていました。

その女性は、有名な雑誌の編集者や広告代理店の重役とも知り合いで、「彼女に気に入られれば仕事が増える」というウワサもあるほどのやり手の経営者でした。

「もっと仕事の幅を広げたい」と考えていた直子さんは、彼女に気に入られるために、彼女の好きなものを調べてプレゼントしたり、彼女が出没する場所があれば自分もかならず顔を出して積極的に話しかけたりしました。

しかし、彼女のほうは、直子さんのことを認識しながらも、そっけない態度を取るばかりでした。

「なかなか気に入られない自分がイヤ」と落ち込んでいた直子さんですが、半年後、実はその女性経営者がまわりの人たちを詐欺行為に巻き込んでいたことが発覚したのです。

ですから、もし直子さんが彼女に気に入られていたら、詐欺の被害者になっていたかもしれなかったのです。

そう考えると、むしろ「仲良くなっていなくてよかった」と言えるのです。

このように、そのときは「思い通りにならない」と思ったことでも、長い目で見れば、思い通りにならないことが、自分を幸せに導いてくれることがあります。

人生、何が幸いし、何が災いするかわかりません。

直子さんの例のように、うまくいかないのは、神様が「そちらには近寄らないほうがいい」と教えてくれているとも考えられます。

ですから、うまくいかないときは、「思い通りにならないけど、後からきっと『これでよかったんだ』と思える日が来る」とプラスに考えることが大切なのです。

長い目で見たら、思い通りにならないほうが幸せになれる場合もある

41 悲しい別れは、新しい出会いを探すきっかけになる

失恋は、誰にとってもつらく悲しいものです。

特に、「この人とならずっとつき合っていけそう」「将来、この人と結婚できたらいいな」と思っていた相手から別れと告げられると、大きなショックを受けるばかりではなく、自分を愛せなくなってしまうこともあります。

「自分は魅力的な人間じゃないから、もう誰にも愛されることはないわ」「彼しか愛せないし、私なんかが新しい恋愛ができるとは思えない」などと自分を卑下するようなことを考えるようになってしまったら、心が回復するまでに時間がかかってしまいます。

ですから、悲しいことに見舞われても、決して自分を責めないことです。

その代わりに、少しでも自分にプラスになる考え方をしてみてほしいと思います。

千秋さん（仮名・31歳）は、10年近く交際していた恋人と別れることになりました。

原因は、彼の浮気です。その彼は千秋さんと「恋人」としてつき合いながら、裏で隠れて別の女性とも交際していたのです。

彼は「君が本命で、他の女性は遊びだから」「君としか結婚は考えていないから」な

どと言って、千秋さんとなかなか別れようとしませんでした。

最初のうちは、千秋さんも「長年つき合ってきたのだから、彼と別れたとしても他の男性が見つかるはずがない」と思って彼の言葉を信じようとしました。

しかし、すでに結婚している友人に、相談したところ、こんなふうに言われました。

「浮気を悪いと思っていない男性と結婚すると、後で苦労するのは千秋さんだよ」

千秋さんはハッとしました。

そして、次第にこう考えるようになったのです。

「結婚する前に彼の浮気が発覚してよかったのかもしれない。それに、失恋してもその後で出会いに恵まれた友人もいるから、私も新しい出会いを探そう」

千秋さんのように、別れをプラスに考えることができれば、悲しい別れをきっかけに新しい人生を生きていくことができるのです。

悲しいことに見舞われても、自分を責めずに、少しでもプラスになる考え方をする

42 さみしいときは、何か自信の持てるものを見つける

「親友の美和ちゃんや恵子ちゃんと電話で話さないと、さみしくてしょうがない」

「インターネットをしない日は、何となく落ち着かない気分になる」

「母親と離れてひとり暮らしをするなんて、恐くて考えられない」

このように、自分を愛せない人というのは、恋人や友達、家族などの身近な人や特定のものに依存する生き方をしてしまいがちです。

依存心というのは、「この人に助けてもらいたい」「誰かに幸せにしてもらいたい」「これがないと生きていけない」というように、完全に他人やものの存在に頼ってしまうことをいいます。

この気持ちが強すぎると、頼られたほうはその人の存在を負担に感じてしまい、「面倒くさい人」「うっとうしい人」と思われ、離れていってしまうでしょう。

また、特定のものに依存しすぎると、「依存症」という病気にかかり、自分ひとりでは依存の状態から抜け出すことができなくなることがあります。

何かに依存する行動を取る人は、心の中にさみしさを抱えています。

依存から抜け出すためには、そのさみしさをプラスの感情に変える必要があるのです。

たとえば、自分に優しくしてくれる人についい依存してしまうという人は、仕事でも趣味でも、何か自分に自信を持てるものを見つけてみるのをおすすめします。

真澄さん(仮名・28歳)はひとり暮らしをはじめてからというもの、家族と会う機会が減りさみしくてたまりませんでしたが、この状況をプラスに考えました。

何をしたかというと、仕事で昇給してもらうために資格を取ったのです。

その資格に見事合格した真澄さんは、自分に自信を持つようになり、人に会えないときがあっても、それほどさみしさを感じなくなったといいます。

このように、さみしさを「自信」というプラスの感情に変えることができると、自然と依存心がなくなっていくのです。

そして、何かに依存しなくてもいい自分を愛することができるようになるのです。

自分に自信を持てるようになったら、自然とさみしい気持ちがなくなっていく

43 小さな不幸のおかげで、大きな不幸が防げる

旅行代理店に勤める由里子さん（仮名・33歳）は、お客さまの旅行に同行するツアーコンダクターの仕事をしています。

そのため、国内外を問わず、さまざまな場所に出かけなければならないのですが、サービス精神と健康が取り柄の由里子さんには向いている業務でした。

ところが、あるオーストラリア旅行に同行するはずの前日、歩行中にバイクと接触する交通事故にあってしまいました。幸い、ごく軽いケガですんだのですが、これまで仕事を休んだことがない彼女はつらい気持ちでいっぱいになりました。

「私を頼りにしてくれていたお客さまに申し訳ない。きっと失望されただろうな」

「もしかしたら、今後上司は私に大きな仕事を任せてくれないかもしれない……」

このように悪いほうに考えてしまい、そんな自分がイヤになっていました。

そんなとき、医者から「念のために精密検査を受けてみないか」とすすめられて、素直に応じたところ、意外な事実が判明しました。

事故は確かに軽症でしたが、レントゲンを撮影したところ婦人科系の疾患が見つ

かったのです。

「このまま放っておくと、将来子どもを産むときに支障が出るかもしれない」と医者に言われたため、由里子さんはそのまま手術を受け、現在は回復に向かっているそうですが、後になってこんなふうに思ったといいます。

「もし、あのとき事故にあわなかったら、病気に気づかないまま、手遅れになっていたかもしれない。仕事は休んでしまったけど、大きな不幸にならずにすんでよかった」

この話からわかることは、「事故で仕事を休む」という状況は一見マイナスですが、「婦人科系の病気」という大きな不幸を防げたという意味では、むしろプラスになっているということです。

もし「自分にはちょくちょく不幸なことが起きる気がする」と思っている人がいるなら、小さな不幸のおかげで大きな不幸が防げることがある、と覚えておくとよいでしょう。

一見マイナスの状況でも、大きな不幸を防げるという意味ではプラスになる

44 どん底の状態にもかならず終わりがある

「いつものように出社したら、突然上司に呼び出されてリストラを言い渡された」
「結婚する予定だった彼氏に多額の借金があることがわかった」
「これまではかなり元気だったのに、ある日原因不明の病気にかかり、入院しなければならなくなった」

このような状態におちいったとき、人はどん底の気持ちを味わいます。
「何で私ばかりがこんな目にあわなければいけないんだろう」と憂うつになったり、「自分の何がいけなかったんだろう」と自分を責めたりして、自分が大嫌いになる人も多いと思います。

しかし、このどん底の状態でも、再び自分を愛することができるようになる考え方があります。

それは、「どん底の状態にもかならず終わりがある。何もかも最悪なら、これ以上悪いことは起きないだろう」とプラスに考えることです。

私たちは、どん底の状態を体験すると、「もうこの先、幸せになれることなんてないんじゃないか」と絶望的な気持ちになります。

でも一方で、「明けない夜はない」という有名な言葉があるように、どん底の状態にはかならず終わりがあり、いずれ明るい未来がやってくるとも考えることもできます。

長生きしている人に聞くと、どんな人も、人生にはいいことばかりが続く時期と、どん底の時期が波のようにくり返しやってくるといいます。

ですから、どん底の状態におちいってしまったのは、自分が悪いのではなく、「たまたま悪いことが重なる時期だった」というとらえ方もできます。

このように、さまざまな角度からどん底を見てみると、意外にプラスに考えることはむずかしくないと思います。

どんな理由にしろ、心をプラスの状態にすることが、自分を愛するためには重要なことなのです。

何もかも最悪な状態でも、心をプラスにするのは意外とむずかしくない

第5章

自分を好きになる言葉の使い方

45 プラスの言葉だけを使うように心がける

「自分を愛している」と実感しながら日々を過ごすためには、心の中をプラスの状態にキープする努力が必要です。

なぜなら、心の状態がプラスになっていると、多少イヤなことや落ち込むようなことが起こっても、簡単に立ち直ることができるからです。

では、心をプラスの状態にキープするには、どのような生活をすればいいのでしょうか。

今すぐはじめられて、効果が高いのは、言葉の使い方を変えることです。

具体的にいうと、普段、自分が使っている言葉を見直して、いい言葉はそのまま使って、悪い言葉はなるべく使わないように心がけるということです。

いい言葉というのは、その言葉を使っているときに、心の中にプラスのエネルギーがわいてくるような言葉のことを指します。

「愛している」「好き」という言葉を筆頭に、「楽しい」「嬉しい」「幸せ」「運がいい」「おいしい」「ありがとう」「ステキ」「美しい」などの言葉がその代表です。

一方、悪い言葉というのは、「イヤだ」「苦しい」「つまらない」「まずい」「嫌い」「汚い」「バカ」といったもので、口にすると心にマイナスの感情がわいてくるような言葉のことをいいます。

私たちは、朝起きてから夜寝るまで、多くの言葉に触れています。

そのせいか、普段自分がどんな言葉に触れているか、どんな口ぐせがあるか、どんな言葉を好んで使うかということを、あまり意識することがありません。

最近では「言霊《ことだま》」という言葉を知っている人も増えています。

「言葉には大きくて特別なエネルギーが宿っている」という考え方ですが、この事実をわかっていながらも、きちんと守る人が少ないように思います。

しかし、「自分を愛している」と自信を持ちたいなら、意識して、プラスの言葉だけを使うように心がけることが大切なのです。

プラスの言葉を使う習慣が身につけば、言葉は自分の味方になってくれるでしょう。

普段、自分が使っている言葉を見直し、悪い言葉はなるべく使わないようにする

46 マイナスの感情はできるだけ口にしない

ときどき、レストランやお店の中などの公衆の面前で、感情が高ぶるままにマイナスの感情を口にしている人を見かけることがあります。

「あなたって、本当つまらない人ね。尊敬できることがひとつもないわ」と彼氏を目の前で非難している人。

「いい加減にしてちょうだい。あなたの対応を見ているとイライラするわ」と悪意のない店員さんに対して怒りをぶちまけている人。

そういう人を見ると、自分が非難されているわけでもなく、怒られているわけでもないのに、何となくイヤな気分になるものです。

「思いやりのない言い方だな」「何もあんなひどい言い方をしなくてもいいのに。かわいそう」と言われている人に同情してしまいたくなる人も多いはずです。

私たちの心は、自分が想像する以上に言葉に対して敏感です。

そのため、自分に向けられた言葉ではなくても、マイナスの感情がこもった言葉を聞いてしまうと、心の中にマイナスの感情が芽生えてしまうのです。

とはいえ、日常生活の中でまったくマイナスの言葉を避けるのは、現実的にむずかしいものです。

そこで気をつけてほしいのが、自分自身がマイナスの感情をできるだけ口にしないようにすることです。

たとえば、自分ができそうもないことを頼まれたときは、つい「無理ですよ。私にはとてもできません」と真っ先に言ってしまいそうになりますが、そこをグッとこらえて我慢しましょう。

そうすれば、マイナスの言葉の代わりに、いい言葉が浮かんでくることがあります。

「ごめんなさい。私ではお役に立てそうもありませんが、できそうな人を知っています」

自分を愛するためには、結局のところ、自分からマイナスエネルギーの発生を防ぐことが一番の近道となるのです。

マイナスの言葉を我慢して、マイナスのエネルギーの発生を自分から防ぐ

47

人の悪口やウワサ話をしない

松尾芭蕉の俳句に、「物言えば唇寒し秋の風」というものがあります。

この句は、口を開くと秋の冷たい風が唇に触れて、寒々とした気分になるという例えから、人を悪く言うと、何となく後味の悪い思いをしてしまう、という意味です。

マイナスの感情にはさまざまなものがありますが、特にマイナスのエネルギーが強いのが、他人の悪口とウワサ話です。

言葉のエネルギーを味方につけたければ、他人を悪く言うのをやめなければいけません。

人の悪口を言ってしまうと、後で「あんなこと言わなければよかった」という後悔の念にとらわれて、それがきっかけで自分を愛せなくなることが少なくないからです。

初音さん（仮名・26歳）はうっかり悪口を言ってしまったことで、親友と恋人を一気に失ってしまいました。

ある日、初音さんはある人からこんなウワサを耳にしました。

「ねえ、初音さん。あなたの親友の幸子さんがあなたの彼氏と2人きりでショッピングしていたよ。とても親しげな雰囲気で、まるで恋人みたいだった」

これを聞いた初音さんは、本人たちに真意を確かめずに、「幸子さんって、本当は性格悪いのよ」「幸子さんって、男性の前だと人が変わったようにかわいいふりをするの」などとまわりの人たちに幸子さんの悪口を言いまわりました。

そして、まわりの人もその悪口に便乗してきたため、内心は「ちょっと言いすぎたかな」と思っていた初音さんもさらに調子に乗ってしまいました。

しかし後日、彼氏と幸子さんは初音さんの誕生日のプレゼントを一緒に選んでいただけだったということがわかったのです。

しかし、そのことがきっかけで、幸子さんと初音さんは疎遠になってしまいました。彼氏からも「僕を信用できないなら別れよう」と言われてしまい、初音さんは激しい自己嫌悪におちいりました。

よほどのことがない限り、悪口を言いたくなっても、我慢することが大切です。

悪口を言ってばかりいると、そんな自分を嫌いになってしまう

48

マイナスの言葉を使ったら、プラスの言葉で打ち消す

日常生活でプラスの言葉をたくさん使い、マイナスの言葉を使わないようにすることは、自分を愛するためにはとても重要なことです。

しかし、「プラスの言葉を使おう」と心に決めていても、何気ないときに、うっかりマイナスの言葉が口をついて出てしまうことがあるものです。

たとえば、苦手なことをしなくてはならないときは、「ああ、憂うつだな。できればこんなことはしたくないのに……」と思ったり、ちょっとしたことで失敗をしてしまったら、「またやってしまった。私ってドジだなあ……」と落ち込んでしまったりして、そのマイナスの感情が口から出てしまうのは、ある程度仕方のないことでしょう。

そんなときに注意してほしいのが、「うっかりマイナスの言葉を使ってしまった」と必要以上に落ち込んでしまうことです。

それではますます心の状態がマイナスのエネルギーでいっぱいになってしまうからです。

ですから、この場合は自分を責めるかわりに、「今の言葉は取り消します。苦手なこ

マイナスの言葉を使ってしまったときは、プラスの言葉で打ち消す習慣をつける

とてもがんばろう」「マイナスの言葉は忘れます。ちょっとした失敗くらいどうってことない」と口に出して言ってみましょう。

笑顔で元気な感じで言うようにすると、心の中にプラスのエネルギーが増えて、先に言ってしまったマイナスの言葉のエネルギーを打ち消すことができます。

マイナスの言葉は使わないに越したことはありませんが、「絶対にマイナスの言葉は使わない！」と無理をしすぎるのは精神的にもよくありません。

大切なのは、時間がかかってもいいので、マイナスの言葉を減らしていく努力をすることです。そのためには、マイナスの言葉を使ったら、プラスの言葉で打ち消していく習慣をつけていきましょう。

49 マイナスの感情を紙に書いて捨てる

「マイナスの言葉がどうしてもやめられない」という人のために、おすすめの方法を紹介したいと思います。

それは、「心の中に溜まっているマイナスの感情を紙に書いて、捨てる」という方法です。

自分を愛せない人というのは、心の中にマイナスの感情を溜め込んでいます。

そういう人が、「今日からマイナスの感情があっても、プラスの言葉を口にしましょう」と言われても、そう簡単にはいきません。

「プラスのことだけしか言ってはいけない」というのは、これまでマイナスの発言が中心だった心の状態が悪い人にとってはかなりのストレスだからです。

ですから、プラスの言葉に変えるための前準備として、マイナスの感情を何らかの形で発散させておく必要があるのです。

そのために、自分の心にあるマイナスの感情をすべて紙に書き出すのです。

実際に、この方法を試した早百合さん（仮名・28歳）の例を見てみましょう。

彼女は、今の自分が置かれている状況に不満があり、口を開けばグチばかりこぼしていたので、まわりの人からも嫌われそうになりました。

「このままではいけない」と感じた彼女は、人前でマイナスの発言を減らすために、ありとあらゆるグチを紙に書き出しました。

「同僚の○○さんと話すのがイヤでしょうがない」「疲れているのに、仕事も家事もがんばるのはつらい」「お人好しで損ばかりしている自分にイライラする」というふうに、思いつくままに紙に書き連ねて、最後にビリビリと破って捨てるのです。

そうすると、気持ちがスッキリして、人前でマイナスの言葉を口にすることがなくなったといいます。

つまり、「紙に書く」という行為は、マイナスの感情を発散させることを意味し、その紙を破って捨てるのは、そのマイナスの感情を消すことにつながるのです。

マイナスの気持ちが浮かんでしまったときは、自分を責めないで、パッと紙に書いて捨てましょう。それで悪口を防げるのですから、やらない手はありません。

紙に書いて、マイナスの感情を発散させると、マイナスの発言を減らすことができる

50 言い訳をやめる

アラビアのことわざに、「何かをしたい者は手段を見つけ、何もしたくない者は言い訳を見つける」というものがあります。

自分を愛している人とそうでない人の言葉の違いのひとつに、言い訳が多いか、そうでないかということがあります。

たとえば、仕事でも趣味でも、何か新しいことにチャレンジしたいという気持ちがあったとしても、自分を愛せない人というのは、「平日は忙しいし、休日もやることがたまっているから時間がない」「新しいことをするにも、今の収入じゃ足りない」「チャレンジするのはいいけど、そもそも能力がないから失敗する可能性が高い」というふうに、できない理由を見つけては、自分に言い訳をしてしまいがちです。

一方で、自分を愛している人は、「仕事は忙しいけど、残業とテレビを見る時間を減らせば、時間ができるかも」「必要なものだけを買うようにすれば、お金が貯められるかも」「少しだけチャレンジしてみて、うまくいかなかったら、そのときにどうするか、あらためて考えよう」というふうに、何とかしてできる理由を考えようとするので、言

できる理由を見つけようとすれば、言い訳をしなくてすむ

い訳をすることがありません。

言い訳というのは、自分に自信がないとき、自分を正当化したいときに、口からついて出てきます。「仕方ない」「自分は悪くない」と思うことで、傷つくかもしれない自分の心を守ろうとしているのです。

しかし、言い訳をしている限り、その人が成長することはありません。

そして、言い訳をするたびに、本心では言い訳をしている自分への嫌悪感があるため、ますます自分のことを嫌いになってしまうのです。

「でも」「だって」と言い訳したくなったときは、グッと我慢するようにしましょう。

そして、できる理由を考えてみることです。そこから、未来が変わるのです。

51 自分を卑下する言葉を使わない

「どうせ、私なんてたいした取り柄がないから」

「私がいなくたって、誰も困ったり、悲しんだりしないんだろうな」

このように、自分を卑下する言葉が口ぐせになっている人は、どんどん自分のことが嫌いになっていきます。

他人が自分の悪口を言っていれば、その相手を嫌いになるのが人間です。それは、相手が自分でも同じなのです。

たしかに「でも、日本には謙虚が美徳という文化があるじゃないですか」と言う人もいます。

たとえば、人に何か贈り物をするときは、「つまらないものですが、どうぞ」と渡すほうが、「これ、とても美味しいのよ！　ぜひ受け取ってください」というよりも美しいとされるという意味です。

しかし、このことと自分を卑下することは別なのです。

ではどうしたらいいかというと、人に礼儀を見せなければならないときは、常識通りにへりくだった言い方をして、自分自身に関することに対しては卑下する言葉使わないようにするといいでしょう。

また、目上の人に対しては謙遜してもいいけれど、対等な人に対しては必要以上に謙遜するのをやめて、自然体でつき合ったほうがいいともいえます。

また、自分を卑下する人の中には、わざと自分を悪く言うことで、「そんなことないよ。あなただっていいところはあるじゃない」と誰かになぐさめてもらいたい気持ちがある人も少なからずいるものです。

しかし、「誰かに救いの言葉をかけてもらおう」という下心は、かならず透けて見えるのです。

そのため、言いすぎると、相手にとって負担になりますし、マイナスの言葉ですから、当然、自分の心にも悪い影響を与えてしまいます。

ですから、基本的に、自分を卑下する言葉は使わないほうがいいのです。また、人からほめられたときも、素直に「ありがとうございます」と言うようにしましょう。

自分を卑下することは自分で自分の悪口を言うのと同じ

52 プラスの言葉に接する環境にいるようにする

私たちは日々あらゆる言葉に接しています。

自分の口から発する言葉、誰かとの会話で耳から入ってくる言葉だけではありません。

テレビを見たり、ラジオを聴いたりすれば、自分は話していなくても、たくさんの言葉が聞こえてきます。また、本を読んだりインターネットを見たりすると、あらゆる言葉が目に入ってきます。

そういう意味で、現代人は昔の人と比べると、かなり多くの言葉に取り囲まれていることになります。

その中には人の心をワクワクさせてくれる言葉もありますが、その一方で、不愉快になる言葉や目もあてられないような暴力的な言葉が見つかることもあります。

くり返しになりますが、人は自分が発していない言葉にも影響を受けます。

ですから、心の状態をよくして自分を愛するためには、自分の言葉使いに気をつけるだけでなく、プラスの言葉に接する環境にいるようにすることも大切なのです。

妙子さん（仮名・25歳）は、パソコンでいろいろなことを調べるのが好きです。

ところが、調べものにのめり込んでいくうちに、文句や不平不満ばかりが集まるウェブサイトを見る習慣がついてしまったのです。

たとえば、沖縄に旅行へ行くために滞在するホテルを調べるとしたら、ネガティブな情報も知りたくなって、そのホテルへの文句が書き込まれているサイトを読まないと気がすまなくなってしまうという具合です。

そのせいか、妙子さんは以前より不平不満が目につきやすくなり、文句を言うことが増えてしまいました。

彼女は無意識にマイナスの言葉にたくさん触れてしまったため、心の状態もどんどんネガティブになってしまったのです。

人から「最近、悪口ばっかり言っているね」と指摘された妙子さんは、それ以来、悪口が並ぶインターネットを見るのをやめました。

そしてようやく、いつもの明るい妙子さんに戻ることができたのです。

自分が発していない言葉にも影響を受けるので、マイナスの言葉に触れすぎないようにする

53 丁寧な言葉使いをする

プラスの言葉を増やすと同時に、マイナスの言葉を減らせるようになったら、次に気をつけたいのが人と会話するときの言葉の使い方です。

具体的にどういうところを気にしたほうがいいかというと、「丁寧な言葉を使っているか」ということです。

話している相手に「この人は言葉使いがキレイだな」「正しい言葉使いをしているな」と思ってもらえそうな話し方をしているかどうかを確かめてみるのです。

こう言うとむずかしそうに感じるかもしれませんが、何も完璧な日本語を使おうとする必要はありません。

できる範囲でいいので、丁寧な言葉使いを心がけるだけでいいのです。

たとえば、街を歩いていて驚くことに出会ったときに、今までは「ちょっと、何あれ！超ヤバいよね。まわりに人だかりができてるじゃん」というふうに言っていたとします。

それをこれからは「何だか大変そうなことが起こっているね。まわりに人がたくさん集まっている」という言い方に変えてみるのです。

それだけで、自分の心の中にはプラスのエネルギーが増えて、話している相手にプラスの印象を与えることができます。

ポイントとしては、男性が使うような言葉は極力避けて、女性らしい言葉を選んで使うことです。

食事をするときは「うまい」ではなく「おいしい」と言い、人と別れるときは「じゃあな」ではなく「バイバイ」とか「さようなら」と言うようにする感じです。

「美しい唇であるためには、美しい言葉を使いなさい」と言ったのは、女優のオードリー・ヘップバーンです。

汚い言葉使いをしていると、それにつられて態度や心の状態まで悪くなってしまうので注意が必要です。

女性らしい言葉を選んで使うようにすると、話し相手にプラスの印象を与えることができる

54 プラスの言葉で言い切る

自分に自信を持てない人は、話し方にもその態度があらわれるものです。

千夏さん(仮名・27歳)は、自分の考えに自信がもてないせいか、誰かに意見を求められたときに、「私はどちらでもいいです」「あなたの好きなほうに決めてください」「そうですね……。これといって特に意見はありません」というような返事をしていました。

しかし、彼女は彼女でまったく意見がないわけではないのです。

心の中では、「どちらかといえば、これがいいな」ということは考えてはいるのですが、発言することで何か言われるのが怖くて、このような言い方しかできないのです。

そのせいか、千夏さんはいろいろな人と会話をしていても、話があまり続かず、相手とそれ以上親しくなることができません。

その結果、「人と仲良くなれない魅力のない自分がイヤだ」と自分で自分を否定してしまっているのです。

なぜ千夏さんが自分を愛せないかというと、あいまいな言葉ばかりを使っているのが原因です。

あいまいな言葉というのは、言葉自体にエネルギーが入っていないのです。

そのため、マイナスの言葉を使っていないにもかかわらず、聞いている相手を何となくモヤモヤとした気分にさせてしまうのです。

自分に自信を持ちたいのなら、自分の話す言葉のひとつひとつにプラスのエネルギーを込めることが大切です。

そうするためには、人から意見を求められた場合に限り、プラスの言葉で応えるといいでしょう。

「どちらかと言うと、私はこちらのほうがいいと思います」

「私はこちらがいいですが、あなたはどう思いますか？」

このように、あいまいな言い方をやめると、自信を持って人と話せるようになり、相手にもつき合いやすい人と思われるのです。

会話するとき、あいまいな言い方をやめると、言葉にプラスのエネルギーが宿る

第6章

ライフスタイルを見直す

55 ライフスタイルを改善すると、自分を愛せるようになる

「何とかして自分を愛せるようにがんばろう」と必死になっても、なかなかうまくいかないことがあります。

そんなときは、その悩みのことはいったん忘れて、自分が快適な気持ちでいられることを優先することをおすすめします。

具体的にどうしたらいいかというと、自分のライフスタイルを見直して、悪いところを少しずつ改善していくのです。

たとえば、「仕事が忙しすぎて、プライベートの時間がほとんどない」と不満を持っていたとしましょう。

その不満は一見「自分を愛せない」という悩みとは関係のないことのように思えます。

しかし、仕事ばかりに時間を取られているせいで、日常生活にストレスが増えているのも事実です。

ですから、まずはその不満を解消することを優先するのです。

この場合、残業を減らして、早めに帰宅する日を増やせるのが最もいい解決策だと思います。

でも、それが無理な状況だったら、仕事をたくさん頼まれたときや食事に誘われたときは上手に断って、プライベートの時間を増やすのもいい方法です。

そうして、プライベートの時間をつくることができたら、心の中にはプラスの感情が増えて、「自由な時間ができて嬉しいな」と快適な気分になります。

すると、もともと「自分を愛せない」と悩んでいても、その悩みが軽くなったり、場合によっては悩み自体が消えてしまったりすることもあるのです。

つまり、ライフスタイルというのは、それだけ私たちの心に大きな影響を与えているのです。

「今のライフスタイルに不満がある」という人は、その不満を解消するように努めてみてください。それだけで、自分を愛することができるようになる場合もあります。

快適な気持ちを優先すると、「自分を愛せない」悩みが軽くなることがある

56 がんばった後はリラックスする

「自分を愛するために努力をしてきたけど、やればやるほどつらい気持ちになる」

悩みに対して真剣に向き合っている人ほど、このような八方ふさがりの状況におちいってしまいがちです。

悩み事があるとき、私たちの心はただでさえマイナスの感情でいっぱいになっています。

そんな状態で、「どうしたら自分を愛せるのだろう?」とがんばっても、いい解決策は思い浮かばないばかりか、かえって事態が悪くなることもあります。

そんなときは、「自分を愛そう」という意識を手放して、「思いっきり、リラックスしよう」と考えてみてください。

「悩みのことが頭から離れないから、リラックスなんてできそうにない」と思う人もいるかもしれません。

でも、余計なことは考えずにリラックスすると、心にはプラスの感情が増えて、それに伴って悩みが軽いもののように感じるのです。

では、リラックスするためには具体的にどうしたらいいのでしょうか。

そのためには、「がんばった後はリラックスする時間をつくる」とあらかじめ決めておくのがいいでしょう。

なぜなら、まじめな人ほど「ここでリラックスする」と決めておかないと、いつまでも無理をしてがんばってしまうからです。

心の底から落ち着くことができないと、真にリラックスすることはできません。

ですから、静かな場所で、ひとりになれる時間を確保するのがいいでしょう。

すぐにはじめられてリラックス効果が高いのは、散歩をすることやお風呂にゆっくりつかること、心が穏やかになるような音楽を聴くことなどがあります。

これらのことを、がんばった後にかならず取り入れるようにすると、心にゆとりが生まれて、自然とプラスのエネルギーが復活します。

リラックスの時間を持つことは、自分を大切にすることにつながるのです。

そして、自分を大切にできると、そんな自分のことを好きになれるのです。

リラックスする時間を決めておくと、自然とプラスのエネルギーが復活する

57

「体に気持ちいいこと」を習慣にする

「気持ちいい」と感じるとき、私たちの心にはプラスのエネルギーがたくさん生まれます。

ですから、毎日の生活の中で「気持ちいいな」と感じることを習慣にするのは、自分を愛するために有効です。

では、人が「気持ちいい」と感じるのはどんなときでしょうか。

答えは人によっていろいろ違うでしょうが、たいていの人は、体を適度に動かしたり、体をいたわったりしているときに「気持ちいい」と感じるはずです。

ジョセフ・マーフィー博士の言葉に、「心と体は表裏一体です。どちらかが悪ければ、もう一方も悪くなります」という言葉があります。

自分を愛するためには心を立て直そうとするよりも、体に働きかけたほうがより高い効果が得られることがあるのです。

静香さん（仮名・31歳）は、悲しいことが立て続けに起こったせいで、精神的につらい状況におかれていました。仕事以外では外出する気も起きず、家の中でじっとしている生活が半年くらい続きました。

そんなある日、友達から「一緒にトレーニングジムへ行かない？」と誘われました。最初、運動がそんなに好きではない静香さんは断りましたが、「気持ちが晴れるかもしれないよ」と言われたので、しぶしぶ参加することにしました。

そのジムは、プールをはじめとして、エアロビクス、ヨガ、ダンスなどのクラスも自由に受けられる環境だったので、いろいろな運動を試すことができました。

すると、久しぶりに頭の中がスッキリして、その夜はぐっすりと眠れたのです。

その後、静香さんは熱心にヨガやダンスに通うようになり、今では体も心も見違えるように元気になったそうです。

このように、自分の体が「気持ちいい」と感じることを続けると、心にマイナスのエネルギーがたまっていても、簡単にリセットすることができるのです。

落ち込んだときほど、体に働きかけてみることをおすすめします。

体が「気持ちいい」と感じることをすると、マイナスのエネルギーを簡単にリセットできる

58 疲れているときはしっかりと睡眠を取る

「疲れているな」と感じるとき、私たちの心はマイナスの感情が優位になっています。

そういうときは、「このごろ、きちんと睡眠を取っているかな？」と確認してみてください。

当たり前のことですが、人間は睡眠を取らないと、心も体も弱りきってしまいます。

睡眠が不足していると、まず朝起きるのが苦痛になります。

「仕事に行かなくちゃ」と無理やり起きたけど、体がなかなか動いてくれないという経験をしたことがある人もいるでしょう。

そんな日は、集中力が発揮できないため、たくさんミスをしてしまったり、仕事のスピードが遅くなったりするものです。

もっとひどい場合だと、ずっと眠くてロクに仕事ができないこともありえます。

このように、丸一日眠いままだと「あ〜あ、今日は冴えない一日だったな」とさらに心はマイナスの状態になってしまいます。

昔、アメリカの高校生が睡眠の専門医の力を借りて、「何時間寝ないでいられるか」

という世界記録に挑戦したことがあります。

その結果、260時間（丸10日以上）近く起きていられたそうですが、最後のほうは幻覚の症状が起きて、頭がまったく働かない状況だったといいます。

しかし、その挑戦が終わった後、たったの14時間40分眠っただけで、通常の生活に戻ることができたそうです。

この話を聞いてもわかる通り、睡眠の回復能力がいかに高いかわかります。

今の社会では、ともすれば睡眠は軽く見られがちです。

確かに年齢が若いうちは、少しくらいの睡眠不足でも平気でいられるでしょう。

しかし、長い期間睡眠が不足した状態でいると、体調が悪くなるのはもちろんのこと、精神的に不安定になってうつ病を引き起こすこともあります。

自分を愛するためにも、毎日の生活でしっかり睡眠を取ることを心がけることが大切です。

毎日しっかり眠るようにすると、体も心もすぐに回復する

59

好きなものに囲まれた部屋をつくる

一日のうち、長い時間過ごすのが自分の部屋です。

その部屋が自分にとって居心地がいいのと悪いのとでは、心の状態に大きな差が生まれます。

人は何かを判断するとき、視覚から入ってきた情報に8割強の影響を受けるといいます。

ですから、好きなものに囲まれた部屋で過ごすと、心は嬉しくなってどんどんプラスのエネルギーが増えるのです。

ただそこにいるだけで心にプラスの感情が増えるような部屋にすれば、少しくらいイヤなことがあっても、家に帰ればホッと一息つけて、ストレスも減っていきます。

失恋したばかりの絹子さん（仮名・27歳）は、泣いてばかりの毎日に区切りをつけるために、部屋の模様替えをすることにしました。

これまでは余計なものを置きたくないため、殺風景な雰囲気の部屋にしていましたが、自分の好きなものを取り入れてみることにしました。

まずはベッドカバーや床に敷くマット、カーテンなどのインテリア用品を、思い切ってピンク系の明るい色にしてみました。

そして、壁には自分のお気に入りの絵や写真を飾ってみました。

あえてお金はかけずに、旅行先で撮影した写真や雑誌から切り抜いたアート作品などをコルクボードに貼つけました。

このように、部屋の中を少しずつ自分の好きなものだけを増やしていくにつれ、絹子さんは次第に元気を取り戻すようになりました。

失恋した直後は「自分が大嫌い」と思っていたのに、今では気持ちが落ち着いて、失恋の傷をほとんど思い出すことがなくなったといいます。

このように、大好きなものに囲まれた空間にいると、心がみるみるうちに浄化されて、プラス思考になっていきます。

自分がハッピーになるものなら、何でもいいのです。そこにあるだけでパワーがもらえるようなものを部屋に取りそろえていきましょう。

自分がハッピーになるものに囲まれていると、心がどんどん浄化されていく

60 身のまわりを整理整頓する

前項で、自分の部屋をプラスの気で満たすことの大切さを述べましたが、もうひとつ大切なことがあります。

それは、身のまわりをいつも整理して、気持ちのいい環境の中で暮らすということです。

たとえば、高級ホテルのラウンジや一流のレストラン、美術館に足を運ぶと、その空間にいるだけで、何ともいえないすがすがしい空気が流れていることに気づきます。

その理由のひとつに、余計なものがまったく置いていなくて、いつもキレイに掃除されているということがあるのです。

この例を見習うと、心にマイナスのエネルギーがたまっているときに、身のまわりを整理整頓することが効果的なのです。

では、具体的にどのように整理整頓をすればいいのかというと、まずは身のまわりにある不要品を処分することからはじめましょう。

たとえば、もう何年も着ていない洋服や読んでいない本、一度は使ってみたけど何となく気に入らない食器や文房具、古くなってしまったぬいぐるみ、故障してしまいそうな電化製品などは、取っておいても使う予定はないはずです。

これらを思い切って捨てるだけで、掃除をそんなにがんばらなくても、部屋がキレイになる上に、広く感じるようになります。

こう言うと、「あまり使わないだけで、ときどき出番があるから捨てられない」「思い出の品だから、捨てられない」と思う人もいるかもしれません。

しかし、実際に少しずつ不要品を手放していくと、身のまわりがスッキリと片づくだけでなく、さわやかな気持ちになることに気づくでしょう。

もし「どうしても捨てるのはイヤだ」というなら、知人に譲ったり、リサイクルショップに買い取ってもらったりするのもいい方法です。

こんなふうに、身のまわりの整頓を続けて、快適な空間を増やしていくと、次第に心にはプラスのエネルギーが増えて、自分を愛せるようになってくるのです。

身のまわりにある不要品を処分すると、さわやかな気持ちになる

61 健康的な食生活をする

日ごろのストレスを発散するために、食べ物で気を紛らわそうとする人がいます。

「ムシャクシャしたから、好きなだけお菓子を食べた」

「毎日忙しくてイライラするから、せめて食事だけは豪華なものを食べたい」

このように、何でもかんでもたくさん食べようとするのは、ストレスを発散するどころか、かえって胃腸に負担を増やしているので、実は自分自身を疲れさせてしまうことになります。

食生活が乱れているのは、心にマイナスの感情がたまっているサインです。

現代ほど食べ物があふれている時代はありませんから、たとえば「ハンバーガーが食べたい」と思えば、すぐに買ってくることができます。

つまり、私たちは食べ物を我慢することがなくなり、食べたいときに好きなだけ食べられるようになっているのです。

そのせいで、健康的な食生活をするのがむずかしくなっているといえます。

直接口に入れる食べ物は、よくも悪くも私たちの心と体をコントロールします。

ですから、何を食べるか、どのように食べるかということには、特別に注意を払う必要があります。

では具体的にどうしたらいいかというと、まずは「食べすぎ」を減らしてみてください。

基本としては、腹八分目にすること、間食を減らすこと、そしてお腹が空いていないときはあまり食べないようにすることです。

この3つを守るだけで、胃腸をきちんと休ませることができる上に、体重の増加を防げます。

そして、食事の内容は野菜中心の和食がベストだと思います。和食の献立は日本人の体質に最も合うものでつくられているからです。

シンプルなことですが、体を大切にして、自分を愛するという意味でも、健康的な食生活をすることは効果が大きいのです。

食べるものと食べ方に注意を払うと、自分の心と体を上手にコントロールできる

62 おしゃれをすることを楽しむ

女性にとって、美しくあることは永遠の課題だと思います。

「もっとキレイになりたい」「ステキな雰囲気を持った女性になりたい」と願うのは、女性としてごく普通の感情です。

そして、女性は自分が美しくいられるときに、心の中のプラスのエネルギーが増えるものです。

「お化粧がばっちり決まったときは、外出するときも気分がいい」

「髪をばっさり切ってイメージチェンジしてみたら、心が軽くなった」

「お気に入りの黒のドレスを着ると、自分がいつもより魅力的になった気がする」

このような経験は誰にでもあるでしょう。

もちろん、人間の価値というのは外見で決まるものではありません。

しかし、自分がキレイに見えるためにおしゃれをすることは、自分を好きになることにもつながります。特に女性なら、それを利用しない手はありません。

葉月さん（仮名・29歳）は、気持ちが落ち込んで自分のことが嫌いになりそうなときは、気分転換のためにエステに行きます。

彼女がお気に入りのエステでは、技術の高いエステシシャンが、美容成分がたっぷりと入ったオイルを使って心を込めて全身をマッサージしてくれる上に、「最近はどんなことがありましたか？」とエステとは関係のない話もじっくりと聞いてくれます。

そして、マッサージがひと通り終わったら、次はネイルのケアをしてくれます。体だけではなく爪もピカピカにすると、「キレイになった」と嬉しくなるそうです。

「エステは高価なものだけど、思いっきり気分を変えるために役に立っています」と葉月さんは言います。

このように、自分なりのおしゃれを楽しむようにすると、感情をマイナスからプラスへ切り替えることが簡単にできます。

半身浴でたっぷり汗をかいたり、自分でマッサージしたりするなど、お金のかからない方法もあります。自分を愛するために、身も心もキレイにする習慣を取り入れていきましょう。

自分がキレイになるためにおしゃれをすると、気分をプラスに切り替えることができる

63 お金の流れを把握する

私たちが、元気な状態で生活していくためには、ある程度のお金がどうしても必要になります。

しかし、不景気が長く続くと、「お金がない」という悩みを持つ人は増えていきます。ニュースを見ると、普通なら考えられないような簡単な詐欺にひっかかってお金をだまし取られた人や、金銭トラブルがもとになった犯罪に巻き込まれた人の話がよく出てきます。

これらはすべて「お金がなくて、困っている」というマイナスの感情が引き起こした悲劇なのです。

ですから、「お金に関する悩みがある」という人は、一度お金の使い方を見直してみることをおすすめします。

最初にやってほしいことは、1ヶ月間のお金の流れを把握することです。

できれば、どれだけ収入があって、どれだけお金を使ったかを、家計簿をつけてチェックをするのがいいでしょう。

派遣社員の光代さん（仮名・26歳）は、自分の収入が少ないことで、将来に不安を感じていました。「正社員になっておけば、お金のことを考えずにすんだのに……」と自分を責めてしまうこともあるくらいです。

そこで彼女は、家計簿をつけて、必要以上に出費がかさんでいるものがないか調べてみました。

すると、外食の回数が多いことと、携帯電話の通話料が高いことに気づきました。

それからというもの、自炊をして会社へはお弁当を持っていくことにしたり、長電話を控えたりして出費をおさえるようにしたところ、貯金ができるくらいのお金が手元に残るようになったといいます。

すると、将来への不安が減り、以前に比べて日々の暮らしが楽しくなってきたのです。

このように、必要な出費とムダな出費が明らかになれば、お金の使い方を変えることができ、生活と心にゆとりが生まれてくるのです。

お金に関する悩みがあるなら、一度、お金の使い方を見直してみる

64 夢中になれる趣味を持つ

人間は、ただまじめなだけでは生きていくのが苦しくなります。

一生懸命に努力をして生きることは、素晴らしいことです。

しかし、がんばることだけにとらわれていると、生きる楽しみが見えなくなってしまい、心はマイナスの感情でいっぱいになってしまいます。

それを防ぐには、日常生活に「遊び」を取り入れることが大切です。

できれば、夢中になれるような趣味を見つけるといいでしょう。

美紀子さん（仮名・26歳）は、仕事もプライベートもこれといって楽しみのない毎日を送っていました。

そのため「私って、つまらない人間だなあ」と口ぐせのように言っていました。

しかし、あるときそんな自分を変えたいと思い、何か趣味を見つけることにしました。

ところが、いざ趣味を見つけようと雑誌やインターネットを調べてみても、「はじめてみると、お金がかかりそうだな」「途中で飽きてしまいそうだな」と思って、なかなか行動に移せません。

そこで彼女は、習いごとの教室で開催されている「無料体験レッスン」に申し込んでみることにしました。

「一度試してみて、興味がわかなかったら他を探そう」と思っていたので、いろいろな習いごとに気楽に参加することができました。

そのうちに、彼女は手芸教室に通うことに夢中になりました。

趣味を見つけてからの美紀子さんは、誰の目から見ても本当に楽しそうで、毎日笑顔で会社に行くようになったといいます。

彼女のように、趣味を持ったことでこれまでの生活が一変して幸せになったという人はたくさんいます。

アメリカには、「暗いと不平を言うよりも、すすんで灯りを点けましょう」ということわざがあります。

「つまらない」と嘆くのではなく、自分から楽しいことを見つけることが大事です。

生きる楽しみが見えなくなったときは、心がワクワクするような趣味を持つといい

65 自然が豊かな場所に出かける

自分を愛せない人というのは、心がマイナスの状態になっても、そのまま家の中でじっとしているようなタイプの人が多い傾向があります。

「疲れているから、どこへも出かける気がしない」「起きているとイヤなことを思い出すから、一日中寝ていたい」という気持ちもわかりますが、必要以上にじっとしていても、ストレスが発散されることはありません。

こういうときは、たとえ腰が重くても、外へ出かけて気分転換するほうがいいのです。

とはいえ、外出した先で、どっと疲れてしまっては意味がありません。

個人差もありますが、休日のショッピングモールや遊園地などは、かなり混雑しているので、心が弱っているときは人のエネルギーに圧倒されて、つらくなってしまうかもしれません。

外出先として好ましいのは、自然が豊かな場所です。

身も心も疲れ果てているときは、本当なら、うんと遠い海外のリゾート地などへ旅行に出かけるのがいいのですが、時間やお金の関係で実現できない人もいるでしょう。

そういう場合は、国内旅行でもいいのです。

国内の短期旅行なら、2日もあれば自然にあふれた場所へ行くことができますし、格安のツアーもたくさん企画されているので、行きやすいと思います。

その地域で有名な食べ物をいただいたり、美しい景色に触れたり、疲れの取れる温泉に入ったりすると、日ごろのストレスはどこかへ消えてしまい、心からリラックスできるはずです。

「旅行自体がどうしても無理」というなら、近場にある広い公園やハイキングができるような山をおすすめします。

近い場所なら、電車でふらっと立ち寄ることができるので、ストレスがたまる前に定期的に出かけることで、心をよい状態にキープすることができます。

自分なりの方法で、自然に触れ合う機会を増やすことを心がけるとよいでしょう。

家の中でじっとしているより、自然に触れ合うほうがストレス発散になる

第7章

自分を傷つけない
人間関係のコツ

66
人間関係がよくなると、傷つくことが少なくなる

これまで、自分自身の考え方や言葉の使い方、ライフスタイルを変えることで、自分を愛する方法を紹介してきました。

もちろん、どの方法を試しても効果はありますが、実はそれ以外にも忘れてはいけない重要なことがあります。

それは、人間関係をよくしていくことです。

こういうと、「自分を愛するためには、まずは自分を大切にしなくてはいけないのに、なぜ人間関係も重要なの？」と疑問に思う人もいるでしょう。

それは、私たちはまわりの人と関わっていないと生きていけないからです。

特に女性は、人間関係がいいか悪いかで、心の状態が変わってくる傾向があります。

ある調査会社が働く女性を対象に、「仕事でストレスを感じるのは、どんなときですか？」というアンケートを行ないました。

そこで最も多かった回答が「上司や同僚との人間関係」だったといいます。

「どうして上司は私につらくあたってくるんだろうか？」

人間関係がギクシャクしていると、自分が傷つくことが増えてしまう

「同僚の○○さんとソリが合わない。どんなふうに接したらいい？」

このような悩みを抱えている人がたくさんいるということです。

上司につらくあたられたら、「なぜ自分だけがこんな目にあわないといけないの？」と心が傷つきます。

ソリの合わない同僚に明るく話しかけても、そっけない対応をされたら「私のことが嫌いなのかな？」と感じて、また傷つきます。

つまり、人間関係がギクシャクしていると傷つくことが増えて、次第に自分自身を愛せなくなってくるというわけです。

人間関係は、自分次第でよくも悪くもなります。

ですから、これまで人間関係に無関心だったり、まわりの人を大切にしていなかったりした人は、これを機に人間関係をよくする努力をする必要があります。

67 苦手な人を意識しすぎない

人間関係の悩みで最も多いのが「苦手な人とどうつき合うか?」ということです。世の中にはいろいろなタイプの人がいますから、苦手な人が数人いても何もおかしいことはありません。

苦手な人と接するときは、誰でも心の中にマイナスの感情がわいてくるものです。大切なのは、そのマイナス感情を必要以上に大きくしないことです。

真理さん(仮名・34歳)は、長年勤めた会社を辞めて転職したいと考えていました。その理由は、新しく配属されてきた同僚と折り合いが合わないからです。

その同僚は、真理さんの上司に気に入られて、他の部署からわざわざ呼び寄せた人だったのですが、他の人と比べて態度が大きいように感じるのです。

たとえば、真理さんがその同僚をランチに誘っても、ほとんどの場合、「急ぎの仕事があるから、今日はコンビニで買って食べることにするわ」「ごめんなさい。今日はあいにく、そんな気分ではないの」というふうに、何かと理由をつけて断られるといいます。でも、その同僚は上司とはランチに行っているのです。

その様子を見るたびに、真理さんは「やっぱり、私だけあの人に避けられている」「こっちが気を使って声をかけているのに、イヤな態度ね」と心が傷ついてしまうのです。

そんなことが重なるうちに、その同僚のイヤなところばかり探しては、「ほら、やっぱりイヤな人だ」と思うことが増えてきました。

そして次第に、一緒に仕事をするのもつらくなってきて、「この先もこんな人と一緒に働かなきゃいけないなんてイヤだ」と考えるようになったのです。

真理さんは、苦手な同僚のことを意識しすぎているように思います。

意識しすぎているから、相手のイヤな部分ばかりが見えてくるのですが、そんなことをすると自分の心にはマイナスの感情がたまっていくだけです。

身近に苦手な人がいるからといって、やむを得ず転職までしてしまうのはもったいないことです。別に、全員と仲良くしなければいけないというルールはないのです。

自分を愛するためには、苦手な人を気にしすぎないことが大切です。

苦手な人を気にしすぎると、イヤな部分ばかりが見えてきて、マイナスの感情が大きくなる

68 気の合わない人とは、ほどほどにつき合う

自分を愛するためには、時と場合によっては、つき合う人を選ぶことが大切です。

「つき合う人を選ぶなんて、何だか人を差別しているような気がする……」と罪悪感を持つ人もいるかもしれません。

つき合う人を選ぶというのは、具体的に言うと、気が合うタイプの人とはこれまで通り親しくして、逆に、気の合わないタイプの人とは、ほどほどに距離を置いてつき合うということです。

ですから、気が合わない人を一方的に差別するわけではないのです。

「自分を愛している」と胸を張って言えるなら、話は別です。

しかし、「自分を愛せない」と悩んでいるときに、気が合わない人と無理に親しくつき合おうとすると、心を傷つけてしまうことがあるのです。

あずささん（仮名・29歳）は、趣味でフラダンスをしていて、近所にあるダンスサークルに加入しています。

そのサークルのメンバーにいる人たちは、いい人たちばかりで、人づき合いに苦手

自分の心を守るためには、つき合う人を選ぶことも大切

意識があるあずささんも自然と輪の中に入ることができました。

しかし、その中にひとりだけ気が合わないタイプの人がいました。

その人は特別性格が悪いわけではなく、あずささんにだけに意地悪をしてくるわけでもありません。

ただ2人きりになって話すと、その人は途端に人の悪口が多くなるという特徴があるのです。

その態度と言動を見る度に、あずささんは何ともいえないイヤな気持ちになります。

そこで、あずささんは、その人とはなるべく2人きりにならずに、他の人を交えて話しをするようにしたところ、その人の悪口が気にならなくなり、以前よりもつき合うのがグッと楽になったそうです。

このように、自分からつき合い方を工夫していくと、人間関係を悪くせずに、自分の心を守ることができるのです。

69 「こういう人」と割り切って接する

誰でも、できるなら一緒にいて楽しい人だけとつき合っていきたいものです。学生時代なら、それでもよかったでしょう。

しかし、社会に出て働くようになると、そうはいかなくなります。

世の中には、優しい人、明るい人、誠実な人もたくさんいますが、一方で、わがままな人や無神経な人、ウソつきな人、意地悪な人も存在するのです。

そのような、いわゆる「困った人」ともそれなりにつき合っていかなければならないのが、大人というものです。

では、困った人たちとつき合うためにはどうしたらいいのでしょうか。

そのひとつに、「この人はこういう人だから仕方ない」と割り切って接する方法があります。

たとえば、会話中にオーバーに話しをする人がいたとします。

「課長があなたと話したいみたいだったよ。何か怒っていたみたいだったけど、大丈夫？」と言われたので、課長のところに行ってみると、怒っている事実はなかった。

「隣の部署の○○さんがあなたのことをかわいいって話していたよ」と教えてくれたので、内心嬉しい気持ちになっていたのに、後でその話はかなりオーバーに言っていたことがわかった。

このように、オーバーに話しをする人の話をうっかり信じてしまうと、そのダメージで、心にマイナスのエネルギーが増えてしまいます。

こういう場合は、最初から「この人の話は信用できない」と予想してかかるか、「とりあえず話半分に聞いておこうかな」と思いながら接するのがいいでしょう。

つい「そんなことを言っていると、誰からも信用されなくなるよ」となどと忠告したくなりますが、余計なことを言うと「ウソなんてついていないよ！」などと反撃される可能性もあるので、やめておいたほうが無難です。

「この人とは距離を置きたいけど、そうもいかない」という人と接する場合は、こちらが大人になることで、マイナスの感情を増やさずにすむのです。

困ったタイプの人と接するときは、「こういう人だから仕方ない」と予想してかかる

70
聞きたくない言葉は軽く受け流す

私たちはいろいろな人とつき合っていかなければいけませんが、その中には自分の聞きたくないことをわざわざ言ってくる人もいると思います。

社内の誰かに、「あなたはお酒が好きで、毎晩飲み歩いているの？」と聞かれた。

友達の中に、「あなたって、たいして苦労もしていないのに、おいしい思いばかりしていて得だよね」などと嫌味を言ってくる人がいる。

このように、誰かにイヤなことを言われたら、「何でそんなことを言われるんだろう」と傷ついてしまうものです。

特に、「自分を愛せない」と悩んでいるときほど、相手の言葉を真に受けてしまうため、ほんのちょっとイヤなことを言われても、深く傷ついてしまいます。

こういう場合は、聞きたくない言葉は聞かなかったことにして軽く受け流すと、心にマイナスの感情が増えることがなくなります。

たとえば、知人の男性に、こんなふうに失礼なことを言われたとしましょう。

「まだ彼氏がいないの？ このままだと結婚できなくなるかもしれないよ」

余計なひと言は、聞かなかったことにすると、それほど心が傷つくことはない

「仕事をがんばるのはいいけど、そろそろ将来のことを考えたら?」

つい「それってセクハラじゃないの?」と言い返したくなるような内容です。

その男性の言葉の中には、「確かにそうかもしれない」と思うようなこともふくまれているかもしれません。

だからといって、心が傷ついているのに、「そうね。私もそろそろ結婚したいと思っているんだけどね……」などと卑屈になって答える必要はありません。

それだと、相手の言葉を受け取ってしまっていることになるからです。

余計なひと言にいちいち反応していると、神経をすり減らすだけです。

「ご心配ありがとう」などと言って、サラッと聞き流すようにすれば、それほど心が傷つくことはありません。

71 断る勇気を持つ

自分を愛せない人は、自分の気持ちをおろそかに考えてしまいがちです。

それが顕著に現れるのが、人から何か頼み事をされたときです。

頼まれ事を引き受けてあげる事は、相手からとても喜ばれるので、できるなら「いいよ」と言ってあげたほうがいいでしょう。

しかし、その内容によっては、どうしても引き受けたくないものもあるはずです。

そんなとき、「せっかく自分に声をかけてくれたのに、断るのは申し訳ないな」と罪悪感を抱いたり、「気は進まないけど、私が引き受ければ丸くおさまる」と無理をしたりすると、後で「こんなこと、引き受けなきゃよかった」と後悔してしまうことがあります。

こういう人たちは、「相手にノーを言うのは悪いことだ」と思い込んでいます。

断ると相手を傷つけてしまうと考えているのですが、本当は「ノー」と言えないことで、傷ついているのは自分自身なのです。

優子さん（仮名・24歳）は、おとなしい性格をしているせいか、人に何かを頼まれると断ることができません。

先日は、同僚に「今度の歓迎会の幹事をお願いできるかな?」と頼まれました。

このとき、心の中では「幹事みたいな、人をまとめる仕事は苦手だからやりたくない」と思ったのですが、相手の勢いに押されてうっかり引き受けてしまいました。

でも、案の定、幹事の仕事は優子さんにとっては苦痛でしかなく、「どうして、私がやらなければならないのだろう」と落ち込むばかりでした。

「このままでは自分が傷つくだけだわ」と思った彼女は、今度こそ無理をせずに断ろうと決めました。

そして、この前と同じ同僚から「今度の飲み会の幹事もできるかな?」と言われたときに、「ごめんなさい。今週は仕事が忙しくて時間がないの」と断ることができました。

すると相手は「じゃあ他の人に頼むよ」とすんなり理解してくれたそうです。

このように、思い切って断る勇気を持てば、人間関係のストレスが減るのです。自分を守るために断る勇気を持てたことで、自分を好きになることにもつながります。

「ノー」と言えないと、自分自身が傷つき、人間関係でストレスが増える

悪気がなかったのに、相手を傷つけてしまった経験は、誰にでもあると思います。

そういうときは、「そんなつもりはなかった。誤解なのに……」と戸惑ってしまうものです。

72 「相手に悪気はない」と考える

これと同じように自分が誰かに傷つけられたと思っていても、相手には悪気がなかったというケースもあります。

独身で実家に住んでいる貴子さん（仮名・26歳）は、ときどき訪ねてくる叔母さんが苦手です。

その叔母さんは、基本的にはきさくな性格で、貴子さんのような若い人とおしゃべりするのが大好きですが、その反面、思ったことを正直にズバズバ言ってきます。

たとえば、貴子さんは、ここ最近、仕事面でスキルアップしたいことがあり、いろいろなカルチャーセンターの講座に参加しています。

そして、先日叔母さんが訪ねてきたときに、講座のことを話しました。

「魅力的な人とたくさん出会えた」「最初は仕事のために参加していたけど、仕事以外で学ぶことが多かった」というふうに伝えると、叔母さんは、「そんな講座なんて出ても、あなたは平社員だからお給料は上がらないわよ。それより、何か趣味でもつくったら？」と言って、笑いました。

　貴子さんは「そこまで言わなくていいのに」と傷つきましたが、ふと我に返って、こう思い直しました。

「ああ。叔母さんには悪気はないんだ。きっと、私に『自分の人生なんだから、もっと楽しいことをしたほうがいいよ』と言いたかったんだ」

　このように、「相手に悪気はない」と考えるようにすると、自分が傷つくことが少なくなりますし、人間関係のトラブルも減っていきます。

　そして、人づき合いのストレスが減ると、日常生活で楽しいと思える時間が増えて、そんな自分を好きになっていけるのです。

誰でも、人を傷つける可能性がある
「相手に悪気はない」と考えるほうが自分にプラスになる

73 「相手にすべてを理解してもらおう」という気持ちを手放す

自分を愛せない人は、自分に自信がありません。

そのため、相手と価値観や考え方が違ったとき、マイナスの感情がわきやすくなります。

「どうして、私の価値観を理解してくれないのだろう」と傷ついてしまうのです。

特に、その相手が親しい人だと、深く落ち込みやすくなります。

では、なぜ関係が近い人ほど、自分と価値観が違うことに対してストレスを感じてしまうのでしょうか。

それは、心の奥底に「親しい間柄だから、相手は自分をわかってくれて当たり前」という思い込みを持っているからです。

そのため、相手がどう思っているか、ということまで考えが及ばずに、「相手が私のことを理解してくれさえすれば、お互いにいい関係でいられる」と考えてしまうのです。

しかし、人間にはそれぞれ持って生まれた性格があります。

また、さまざまな経験をして、その人なりの考え方や価値観がつくられていきます。
ですから、いくら身近な人でも、自分と相手がまったく同じ価値観や考え方をしていることなど、ほとんどないのです。

同じ両親の元で育った姉妹でさえ、性格や趣味、考え方がまるで違うという話をよく聞きます。それなら、まったく違う環境で育ってきた他人なら、価値観が違うのは当たり前のことなのです。

ですから、友達に自分の意見を否定されたり、恋人と価値観が合わずにケンカしそうになったりしたときには、「もともと他人だから考え方が違う。私なりに相手の考えを理解してみよう」と考えてみてください。

そうすると、相手との違いが気にならなくなり、傷つくこともなくなりますし、逆に、価値観が一致したときは、そのことをとても嬉しく思えるようになるのです。

「相手と価値観が違って当たり前」と気づけば、心が傷つくこともなくなる

74 冷静に自分の気持ちを伝える

人から何か文句を言われたとき、負けず嫌いの人ならついカッとなって、「そっちが文句を言うなら、私にだって言いたいことがある」などと言い返すと思います。

「売り言葉に買い言葉」ということわざがあるように、相手から乱暴な言い方をされたとき、同じように相手に言い返したいという気持ちが働くのは、人間の本能です。

しかし、感情的な言い方をすると相手とケンカになってしまい、最終的に自分が傷ついてしまうのでやめておいたほうがいいでしょう。

しかし、だからといって、いつも言われっぱなしで我慢するのもよくありません。

自分を愛せない人ほど何も言い返せず、ただ言われっぱなしで我慢している傾向があります。

しかし、人は、言いたいことを我慢しすぎると、次第に「自分の考えなんて価値のないこと」と思うようになってしまい、よけいに自分を愛せなくなってしまいます。

では、どうすればいいかというと、冷静になって、自分の気持ちを伝えることを心がけるのがいいでしょう。

言いたいことは我慢せずに、冷静に言葉を選んで伝えるようにする

たとえば、会社の先輩から、「ねえ。あなたって休日は何をしているの？」「彼氏は何歳？　顔はどんなタイプ？」というふうに、仕事とは関係ないことを聞かれて、イヤな気持ちになったとします。

心の中では「先輩にそんなこと話したくない」と思っていても、それを表情や態度には出してはいけません。

それよりも、あえて冷静な口調で、こんな言い方をしましょう。

「私はプライベートに関してはあまり言いたくないんです。それに私のプライベートなんて平凡で、聞いてもおもしろくもないですよ」

こんなふうにまじめに答えれば、相手はそれ以上、何も言えなくなるはずです。

相手の失礼な言動に腹が立っても、感情的になってはいけません。

そんなときこそ、冷静に言葉を選んで対処することが大切なのです。そうすれば、トラブルに発展して、後で後悔するようなことを防げるのです。

75 マイナスの先入観を持たないようにする

誰でも多かれ少なかれ、自分の思い込みで物事をとらえます。

それは人間関係でも同じことで、人は相手のことを「こういう人だ」と決めつけてしまいがちです。

しかし、先入観を持ってしまうのは、いいこととはいえません。

なぜなら、「この人は頑固な性格だからつき合いにくい」「彼女はプライドが高いから、一緒にいると疲れる」というふうに、一度相手にマイナスの印象を持ってしまうと、それ以降、相手とうまくつき合っていけなくなるからです。

こういうと、「相手と気が合わないから仕方がない」と思う人もいるでしょう。

確かに、どんなに歩み寄る努力をしても好きになれない相手はいるものです。

しかし、マイナスの印象を持った相手をひとくくりにして「あの人は嫌いなタイプ」と決めつけてしまうのは、少しもったいないことといえます。

なぜなら、人の性格はそんなに単純なものではなく、そのときの状況や環境によって変わって見えるからです。

文子さん（仮名・31歳）は、会社の後輩の美江さんを嫌っていました。

美江さんが転職してきてから、すぐに上司に気に入られたり、まわりの人とすぐに打ち解けたりしている様子を見て「この子は八方美人なタイプ」と思ったのが嫌いになった理由です。

そのため、美江さんと接するときは、必要最低限の会話しかしませんでした。

しかし、ある日、文子さんが上司に身に覚えのないことで注意を受けているときに、美江さんは「先輩はそんなことはしていません」と真っ先にかばってくれたのです。

文子さんは「自分勝手な思い込みで、美江さんのことを見ていた」と反省したそうです。

自分を愛せない人は、自分の心が傷つかないようにするために、相手にマイナスの先入観を持とうとしますが、実はそれは逆効果なのです。

「この人はイヤな面もあるけど、いい面もあるかもしれない」というふうに、柔軟に考えるほうが、自分を傷つけずに、相手ともうまくつき合っていけるのです。

相手とうまくつき合っていくには、「あの人は嫌いなタイプ」と決めつけないようにする

76 「相手に好かれよう」と思いつめない

自分を愛せない人は、人間関係ですぐに疲れてしまう人が多いように思います。「相手は私のことをどう思っているだろう?」「まわりの人は私のことをどんなふうに評価しているのだろう?」ということをいつも気にしてしまうからです。

他人の目が気になるのは、多少ならいいこともあるし、問題はありません。でも、「この人と仲良くしなくてはいけない」「まわりの人に好かれないと、この先つらい」というふうに必要以上に思いつめるのは、自分の心を傷つけるだけです。

そもそも、人と人には相性というものがあります。

言葉を多く交さなくても、お互いのことがわかり合えるような相手がいれば、反対に、どれだけ会話をしてもわかり合えない相手もいます。つまり、自然に仲良くなれる人もいれば、そうでない人もいるのが普通のことなのです。

誰からも好かれるというのは、どんなに人気者でもほぼ不可能なのです。

ですから、「誰にでも好かれよう」と思う気持ちは捨てて、自然体で人と接するようにすることが大切です。

自然体で人と接するほうが、人間関係で疲れにくい

夏子さん（仮名・25歳）は、人と接することが苦手です。そのため、職場でも仲がいい人が少なく、交流する友達は本当に心を許した人のみに限定していました。

なぜ彼女が人を苦手になったかというと、幼いころに母親から「あんたはかわいげがない」「人から嫌われるに決まっている」などと意地悪なことを言われ続けていたからです。

そのため、人と接する度に、「この人に好かれるためにがんばろう」と必死になりすぎて空まわりしてしまい、そんな自分を情けなく思ってしまうのです。

でも、あるとき、友達のひとりが「別に友達が少なくてもいいじゃない。大勢の人に好かれるのも意外と疲れるよ」と言っていたのを機に、気持ちが変わりました。

その日から、夏子さんは「人にどう思われてもいいや」という気持ちで人とつき合うようになりました。

すると、人づき合いのストレスがグンと減って、逆に以前よりも友達が増えたのです。そして、自分のことも前よりも好きになれたのです。

77

他人の問題を自分の問題にしない

人間関係で悩みが多い人の中に、「他人の悩みや問題に影響を受けやすい」という人がいます。

本来、他人の問題は他人の問題であり、自分が必要以上に悩むことはありません。なぜなら、どんなに心配しても、自分がその人の代わりになってあげられるわけではないからです。その問題は、その人が乗り越えるしかありません。そのことで、学ぶことや成長することもあるでしょう。

周囲の人々は、応援したり、見守ったりするだけで十分なのです。手を差し伸べるのは、助けを求められたときだけでいいのです。

しかし、他人の悩みの影響を受けやすい人は、まわりのことが気になって、なかなか自分のことに集中できません。

弘子さん（仮名・32歳）は、近所に住んでいる姪っ子がまったく勉強しないことを心配していました。「姪っ子が将来困らないように」と思う気持ちから、「勉強したほうがいいよ」と、何度も姪っ子に話していました。

ところが、姪っ子の母親である弘子さんの姉は、「心配してくれるのはありがたいけど、子どものうちは思い切り遊ばせてやりたい」と言っているのです。

弘子さんはそんな姉の言葉には聞く耳を持たず、「あの子が大人になってから後悔したらかわいそうじゃない」などと、姉に会うたびに不安な顔をして言っていました。

弘子さんのような考え方をしていると、いつまでたっても幸せにはなれません。自分以外の誰かのことは、思い通りにすることできないからです。

それどころか、よかれと思って言ったことややったことでも、相手にとっては負担となり、関係を悪くしてしまうことだってあるのです。そうなれば、心にはますますマイナスのエネルギーが増えてしまいます。

弘子さんがすべきことは、姪っ子の幸せを願って、あとは放っておくことです。

大事なのは、他人のことより自分のことに関心を持って、毎日を笑顔で過ごすことなのです。

他人の悩みを肩代わりしても解決はしない それよりも、自分の幸せのためにエネルギーを使おう

第8章

相手を喜ばせて自分を好きになる

78 人に喜びを与える生き方を目指す

「自分を愛せない」と悩む人は、心配や悩み事で頭がいっぱいで、自分のことしか考えられない状況におちいっている時間が長いようです。

そういう人は傷つくことに敏感で、自分の心を必死に守ろうとしますが、他人に喜んでもらうことにまでは意識がまわりません。

しかし、心にプラスのエネルギーを増やすためには、意識を「自分の幸せ」から「相手の幸せ」へ少しずつシフトしていくことが重要です。

これまで自分の幸せしか考えてこなかった人には、とてもむずかしいことかもしれません。それでも、「人に喜びを与える人になろう」と努力することが大切です。

人づき合いがうまくいくようになると毎日が楽しくなるので、そんな自分自身を好きになることにもつながります。

でも、実際に何をしたらいいのでしょう。

そのためには、つき合う相手を思いやることが大切です。

誰かを大切にするには、相手に喜ばれるようなことを進んでしてあげればいいのです。

私たちは、普通、他人に何かを与えるよりも、与えてもらうことを望みます。

「誰かに喜ばれることをしましょう」と言うと、「何の見返りもないのに、人を喜ばせるなんて無理に決まっている」という反応をする人もいるでしょう。

しかし、その思いは、「とりあえず自分だけがハッピーになれればいい」という自分本位な考え方と似ています。

そして、そんな考え方で人とつき合うとトラブルが生じやすくなり、いつまでたっても心の底から自分を愛することができなくなるのです。

別に、すごいことをする必要はありません。努力した人をほめたり、落ち込んでいる人を励ましたりするだけでもいいのです。

自分のことだけ考えるのではなく、他人の喜ぶことも同時に考えることができるようになれば、結果的に自分自身も愛せるようになるのです。

自分の幸せだけでなく、人の幸せも考えると、心から自分を愛することができる

79 小さな約束をしっかり守る

人を喜ばせることが大切といっても、これまで相手を喜ばせることを考えたことがない人は、「いったい何をすればいいの？」と戸惑ってしまうかもしれません。

確かに、私たちは「人に喜んでもらおう」と意識しなければ、なかなか実行に移せません。

最初は無理をせず、簡単にできることからでいいのです。

今すぐにできることといえば、約束をしっかりと守ることです。

「約束を守るなんて常識だから喜ばれないよ」と思う人もいるかもしれません。

確かに、私たちは重要な約束についてはできる限り守ろうと努力するものです。

でも、小さな約束についてはどうでしょうか？

「月末までに、ぜひ一緒に食事をしましょう。おいしいお店があるんですよ」

「あなたにおすすめしたい本があるから、今度会ったときに持ってくるね」

「誘ってもらった展覧会に行けるかどうか、今週中にメールでお返事します」

このような文字通り小さくて、ささいな約束を守るのが苦手な人もたくさんいます。

これらの約束は、もし守れなかったとしても、相手に大きな迷惑をかけることはほとんどありません。

そのせいか、「約束したけど、相手ももしかしたら覚えていないかもしれない」「約束が守れなくても、怒られることはないだろう」というように思って、守れないまま、約束自体を忘れてしまう人も多いのではないでしょうか。

しかし、相手を喜ばせるためには、小さな約束ほどしっかり守ったほうがいいのです。

小さな約束は、最初から本気で守るつもりでいれば、実行するのはむずかしくありません。

それなのにきちんと守ろうとしない人が多いので、実践すると効果的なのです。

このような小さなことでいいので、少しずつ、相手のためになることを増やしていくのがいいのです。

小さな約束を本気で実行すれば、確実に相手を喜ばせることができる

80

真心をこめて相手をほめる

自分を愛している人というのは、ほぼ例外なく人をほめるのが大好きです。

自信がある人は他人への対抗意識がないので、素直に相手をほめられるのです。こういう人は、まず人のいいところを見つけるのが上手です。

そして、「この人の声はステキだな」「誠実な性格がいいな」と感じたら、すぐに相手に伝えます。

相手としても、ほめられてイヤな気分はしませんから、「嬉しいな。この人は私のことを認めてくれているんだな」と喜びを感じます。

つまり、ほめるだけで相手を喜ばせることができるのです。

でも、「自分を愛せない」と悩む人は、人をほめるのが苦手な人が多いかもしれません。

「下心があると思われるのでは？」「私がほめても、嫌がられるのではないか……」という不安がわいてくるからです。

そういう人は、人をほめることを気楽に考えることからはじめるとよいのです。

自分が「いいな」と思った点を素直にほめると、相手の心に届く

「自分が『いいな』と思ったことを、素直に口にすればいい」「ちょっとしたことを、ひと言伝えればばいい」という意識でいれば、ハードルは下がるはずです。

そして、もうひとつ大切なのは、とにかく心をこめることです。

なぜかというと、いくら美しい言葉を並べたり、話術にこだわったりしても、真心がこもっていなければ、相手の心には響きません。むしろ、「何か裏があるのでは?」と警戒されてしまう可能性もあります。

ですから、最初のうちは多少ぎこちなくてもいいので、飾らない言葉、シンプルな言い方を心がけましょう。

「○○さんは本当に優しいですよね。私も見習いたいです」「△△さんみたいな仕事もプライベートも充実している女性に憧れます」と、自分が本当にいいと思った点を素直に口に出すのです。

そうすれば、自分の気持ちが相手に確実に届くので、相手も自分もハッピーな気分になれるのです。

81 相手の話をじっくり聞いてあげる

「愛の反対は憎しみではなく、無関心です」

これは、マザー・テレサの言葉です。この言葉を参考にすると、人を喜ばせるということは、別の言い方をすれば、相手に関心を持つ、ということになります。

ということは、「私はあなたに興味を持っていますよ」という気持ちが相手に伝われば、喜んでもらえるというわけです。

その気持ちを伝える一番いい方法は、相手の話をじっくり聞いてあげることです。

私たちは、「人に話を聞いてもらいたい」という気持ちを本能的に持っています。

しかし、今の世の中には、熱心に人の話を聞いてくれる人というのは、そうそういるものではありません。ですから、カウンセラーや占い師などの「人の話を聞くこと」が職業の人たちが人気を集めているのです。

そのような状況の中で、ただ相手を喜ばせたいという目的で、話を聞いてあげられる人というのは、それだけで素晴らしい存在なのです。

公子さん（仮名・33歳）は、ちょっと元気がない様子の友達を見かけたら、「どうしたの？　私でよかったら、話を聞くよ」と声をかけることにしています。

そして、相手が「実は、恋愛のことで悩みがあって……」と打ち明けてきたら、まずは好きなだけ話をさせてあげるのです。

途中で「それは私の考えとは違うな」と思っても、口には出さずに、「うんうん」とうなずいたり、「そうなんだ」と相づちを打ったりするだけです。

そうしているうちに、相手はどんどん元気を取り戻していき、最終的には公子さんに感謝をしてくれます。相手が元気になると、公子さんも嬉しいので、人の話を聞くことはまったく苦になりません。

このように、人があまりしようとしないことを実行すると、感謝される上に自分の心にはプラスの感情がぐんぐん増えていくので、自分を愛することができるようになるのです。


「あなたに関心がある」という気持ちを伝えるためには、相手の話を熱心に聞くのが一番

82 同じことで悩んでいる人に共感の気持ちを向ける

「自分を愛せない」と悩んでいる人は、「自分の力では、誰も喜ばせることなんてできない」というマイナスの気持ちを持ってしまいがちです。

しかし、そんな人だからこそできることがあります。

それは、自分と同じことで悩んでいる人に、「私もその気持ちがよくわかります」と共感の気持ちを向けてあげることです。

こういうと、「共感するだけでは、何の役にも立たない」と思う人もいるかもしれませんが、自分が同じようにされたらどう感じるか、想像してみてください。

たとえば、自分が母親と仲が悪く、いつもケンカばかりしてしまうことで悩んでいたとしましょう。

そんなときに、同じような経験がある人から、「私も母親と仲が悪くなって、実家を出てひとり暮らしをしているんです。それでも、たまに電話するとついついケンカになってしまって……。お互いつらいですね」と言われたら、「同じような悩みを持っているのは私だけじゃないんだ」と救われた気持ちになるでしょう。

同じような経験をした人に共感されると、「つらいのは自分だけじゃない」と救われた気持ちになる

自分がつらい思いをしている人と同じような経験をしたことがないという場合も、カウンセラーのように、相手の話をただ受け止めて、聞いてあげるだけでも、相手の心を安らげる効果があります。

さらに、同じような経験をしたことがある人に共感してもらうことができたら、もっとその人の心にはちょっとした喜びが生まれるのです。

これを応用して、もし身近に自分と同じような悩みを抱えている人を見つけたら、「実は、私も同じことで悩んでいます。よかったらお互いのことを話し合いませんか？」と声をかけてあげるとよいでしょう。

そうすることで、相手も自分も気持ちを分かち合うことができ、そこで生まれたプラスの感情が、自分を愛するための助けになってくれるのです。

83 自分ができる範囲で人を助ける

人を喜ばせるというと、真っ先に思いつくのが、人を助けることです。

「人を助ける」というと、何だかとても大変なことをしなければいけない、というイメージを持っている人もいるでしょうが、実際はそんなことはありません。

人を助けるということは、少し見方を変えれば、相手が「○○してほしい」と思っていることをしてあげる、ということになります。

そう考えると、相手に何かを頼まれたら、「いいですよ」と応じてあげるだけで、その人を助けることができるのです。

たとえば、仕事では、人から何かをお願いされる場面が数多くあります。

「もうすぐお客さんが来るから、お茶とお菓子を用意してくれるかな？」「午後から会議があるんだけど、机とイスを並べ替えてくれない？」と、自分の担当でない雑用を頼まれることもあると思います。

そういうときは、「何で私に頼むの？」「いいように利用されているのかな？」などと思っても、手が空いていたら応じてあげることです。

人から何か頼まれ事をされたら、無理のない範囲で応じてあげる

また、プライベートでも、人に何かを頼まれることがあるものです。

「海外へ行くけどスーツケースを貸してくれない？」

「来週の日曜、ホームパーティーをするんだけど、あなたにも来てほしい」

このように、貸し借りのお願いや、行事のお誘いも頼まれ事に含まれます。

こういうときも、「面倒だな」と思うこともあるかもしれませんが、できる限り「わかりました。いいよ」と返事をしてあげるようにしましょう。

ただし一点注意してほしいのは、明らかに無理なときや、どうしても自分がやりたくないことに関しては引き受ける必要はないということです。あくまでも自分ができる範囲のことを引き受けるようにするのが大切です。

無理をして、心にマイナスのエネルギーを増やしてしまえば、逆効果だからです。

人を助けると、相手には感謝されます。そして、「自分でも人の役に立つことができる」という自信につながり、自分を愛することができるようになるのです。

84 相手の主張を優先してあげる

「和をもって貴《とうと》しとなす」という言葉を聞いたことがあると思います。

これは、古代、飛鳥時代に政治家として活躍した、聖徳太子が定めた「十七条憲法」の中に出てくる一説です。

何事をするにも、みんなが仲良くやって、争いを起こさないのがよい、という意味です。

まわりの人たちといい関係を築いていくためには、自分を主張しすぎずに、相手の主張を優先してあげることをおすすめします。

私たちは誰でも、自分が「こうしたい」という主張を持っているものです。

しかし、何人もの人が集まる場では、全員の意見が同じとは限りません。

むしろ、「私はこうしたい」「いいえ。私はこのほうがいい」というように、意見の違いから対立が起こることのほうが多いと思います。

そうなったときに、誰かが「あなたの言っていることに賛成します」と譲る態度を見せると、その場がなごやかな雰囲気におさまります。

そして、譲ってもらえた相手は、「自分の意見を認めてもらえた」と思って、喜びを感じるのです。

ゆかりさん（仮名・35歳）は、友達と遊ぶときは、かならず相手の要望を先に聞くようにして、なるべく相手の希望を優先してあげるそうです。

あるとき、友達が「最近オープンした博物館に行ってみたい」と言ってきました。でも、ゆかり子さんはその博物館にはすでに行ったことがありました。

それでも、「私、その博物館には以前行ったことがあるけど、まだ見ていない展示があるから、もう一度行きたい」と伝えたところ、その友達は「ありがとう。ゆかりさんはいつも親切ね」と、とても喜んでくれたといいます。

もちろん、どうしても譲れない場合には、我慢することはありません。

しかし、どちらでもいいときは、相手を優先してあげることで、その場にいる人を喜ばせることができ、その笑顔を見ると、自分の心にもプラスのエネルギーが増えるのです。

自分が一歩引いて、相手に譲ってあげると、まわりの人といい関係が築ける

85

落ち込んでいる人がいたら、励ましてあげる

うまくいかないことがあって落ち込んでいるとき、私たちは誰かからプラスのエネルギーを与えてもらうことで、立ち直ることができます。

自分を愛している人というのは、まわりの人にプラスのエネルギーを与えることを惜しみません。

彼女たちは、言葉の力を使って励ますことで、相手にプラスのエネルギーを注入しています。

そうして、励ましの言葉を受け取った相手は、心の中のマイナスのエネルギーを打ち消すことができるのです。

時枝さん（仮名・24歳）には、つき合って5年になる彼氏がいます。

その彼氏は厳しい職場で働いているせいか、時枝さんに会うたびに落ち込んだ様子を見せます。

「上司にまた怒られた。僕なりに努力しているのに、何が悪かったんだろう？」

「職場に通うのがつらいときがある。いっそ転職したほうがいいのだろうか？」

そんなとき、時枝さんは「グチなんて聞きたくないわ」などと彼を突き放すようなことはしません。

「あなたはいつも大変なのに、よくがんばっていると思う」

「職場でイヤなことがあっても逃げずに努力しているあなたを尊敬している。もし転職して、違う仕事をしてもきっとうまくいくはずよ」

このように、彼を手放しで励ましてあげるのです。

すると、彼は「いつも僕のことを理解してくれて、ありがとう」と喜んで、元気を取り戻します。

昔は自分に自信がなかった時枝さんですが、彼に「ありがとう」と言われると自分に自信が持てて、少しずつ自分を好きになってきました。

励ましの言葉をかけることは、相手を喜ばせるだけでなく、自分に自信を持つことにもつながるのです。

人を励ますことは、プラスのエネルギーを与えること
言葉の力を使って、相手を元気づけてあげよう

86 人の幸せを一緒に喜ぶ

相手に何かハッピーな出来事があったときに、「おめでとう」「よかったね」と一緒になって喜んであげることも、人のためにできることのひとつです。

人は嬉しいことがあったときに、「やった！」「ラッキー」と、心にプラスの感情がわいてくるものですが、自分ひとりで喜んでいても、その感情がそれ以上大きくなることはありません。

しかし、まるで自分のことのように一緒になって喜んでくれる人がいると、プラスの感情は何倍にも大きくなるのです。

たとえば、誰でも自分の誕生日というのは特別な思い入れがあるものです。

でも、そんな大切な日なのに、誰にも「おめでとう」と言ってもらえなかったら、どんな気持ちになるでしょうか。

「みんな、私の存在なんて忘れているんだ」「私は誰からも好かれていないんだろうか?」と悲しい気持ちになり、せっかくの誕生日なのに落ち込んでしまうと思います。

その逆に、普段あまり会えない友達から「おめでとう。ステキな1年になりますように」とメールをもらったり、職場で同僚たちに「休憩時間にケーキを買って、お祝いしましょう」と言ってもらえたりしたら、どうでしょう。

「みんながお祝いしてくれて嬉しい。こんなに幸せなことって、そうそうない」と、嬉しさが込みあげてくるはずです。

誕生日だけでなく、友達が結婚したときも同じです。

「ステキな人と結婚できていいな。それに比べて私は……」と落ち込んだり、うらやましく思ったりする気持ちがわいてきても、自分の中で気持ちを切り替えて、「おめでとう」と相手に伝えてあげましょう。

心の中には複雑な思いがあったとしても、相手にひと言「おめでとう」と伝えるようにすると、それだけでも、何もしないときより、心の状態はプラスに傾きます。

そして、人を祝福できた人は、巡り巡って、いつか自分も祝福される立場になるのです。

相手の幸せをお祝いすると、お互いに、プラスの感情が何倍も大きくなる

87

他人が持っていないものを分けてあげる

自分では簡単なことが、他人にとっては貴重だったということはめずらしくありません。

ですから、自分が持っていて、他人が持っていないものを、その人に分け与えてあげることは、相手を喜ばせることになります。

たとえば、世の中にはたくさんの情報が出回っていますが、数が多すぎて本当に欲しい情報がなかなか見つけられないことがあります。

こんなとき、信頼できる情報を教えてくれる人というのは、とてもありがたい存在になります。

フリーランスで司会業を営んでいる冬美さん（仮名・35歳）は、ありとあらゆる地域でイベントの司会をしているため、日本各地の情報にくわしいという特技があります。

そのため、知り合いの会社員の人に、「今度、大阪へ出張に行くんだけど、○○駅の近くでいいホテルが見つからなくて困っているの」と相談されたら、「○○駅に近いホテルもいいけど、市内だったら地下鉄で移動するのに時間がかからないから、最寄り駅から少し離れたホテルでも不便ではないよ」というふうに、自分の知っている耳よりな情報をすすんで教えてあげています。

また、あるときは別の人から、「四国に旅行に行きたいんだけど、いい場所を知ってる？」と質問されたときは、「私の知り合いで四国出身の人がいるから、その人に聞いてあげるね」と言って、後日メールで情報を送ってあげたりもしているそうです。

このように、冬美さんはいろいろな人に情報を与えることで、心をポジティブにして、自分を好きになっているのです。

冬実さんは以前、自分の知識が人の役に立つとは思っていなかったのですが、あるとき、人から「地方のことにくわしいね。すごい」と言われ、それ以来、いろいろと教えてあげるようになったのです。

「自分を愛せない」と悩む人は、どんなに小さいものでもかまわないので、それを必要とする人がいたら、「よかったら、どうぞ」と与えるようにするとよいと思います。

自分が当たり前に持っているものを、必要としている人に与えると喜ばれる

88 知らない人にも、親切にする

私たちは、自分が直接お世話になっている人や、自分にとってメリットのある人に対しては親切にしようとします。

それは素晴らしいことですが、それにプラスして、知らない人に対しても親切にしてあげると、自分をもっと好きになることができます。

たとえば、どんな人からも喜ばれる親切はやっておいて損はないと思います。

有希さん（仮名・29歳）は、電車やバスなどの乗り物に乗っているときに、お年寄りや小さな子どもを連れたお母さんが立っているのを見かけたら、「私は次の駅で降りるので、もしよかったら、席に座りませんか？」とひと声かけるのを習慣にしています。

実は、有希さんはつい先月まで、「席を譲ろうかな」と思っているのに、「余計なお世話になるかもしれないな」と考えてしまって、結局、席を譲れないまま電車を降りていました。

しかし、あるとき勇気を出して「どうぞ、座ってください」とおばあさんに声をかけたところ、「足が痛かったので、とても助かります。ありがとう」と丁寧にお礼を言われました。

それがきっかけとなり、それからはどんどん席を譲るようになったのです。

「人に親切にできて嬉しい。これまでは、何もできない自分が嫌いだったけど、今は自分を愛せるようになりました」

それからというもの、有希さんは、道に迷っているお年寄りに道順を教えてあげたり、町内で掃除をするときは率先して参加したりして、人の役に立つことを積極的に行なうようになりました。

親切は、やる気がないと一生やらないで終わってしまうものです。

しかし、実行するのはむずかしいことではありません。それに、やってみるとがんばった自分を好きになることにつながるので、ぜひ試してみてほしいと思います。

知らない人にもすすんで親切にすると、かならず自分に自信が持てるようになる

第９章

もっと自分に自信をつけるためにできること

89

昨日とは違う自分になるために、行動を起こす

たいていのビジネスマンは、毎日同じようなことをくり返して過ごしています。

毎日、同じ時間に起きて、同じ時間に家を出て、仕事に行きます。

そして、自分が担当している仕事をこなし、だいたい同じような時間に仕事を終えて家に帰り、明日に備えて寝ます。

このようなリズムで生活するのが、一般的なビジネスマンの姿です。

しかし、「自分を愛せるようになりたい」「自分に自信が持てるような生き方をしたい」と思っているなら、この何の変化もない生活を変えて、これまでの自分とは違う行動を起こしたほうがいいでしょう。

なぜなら、「こうしたい」と思っていても、自分から何かをはじめなければ、結局時間だけがすぎていくからです。

頭の中に、もし実行すればきっと人生が楽しくなるような素晴らしいアイディアを思いついたとします。まわりの人に話しても、「いいね。これなら絶対にうまくいくと思うよ」とほめてもらえるようなアイディアです。

しかし、そのアイディアを行動に移さなければ、結果的には、人生が成功することはなく、これまでと同じような毎日が続くだけです。

つまり、「人生が成功するか」と悩むのはたいした問題ではなく、本当に大切なのは行動を起こすことなのです。

「自分を愛せない」と悩んでいる人は、「こうすれば自分に自信が持てるはず」という方法を知っているのに、実行できずにいる人が多いと思います。

「新しいことをはじめたいけど、今月は忙しいから、来月からにしよう」

「その気になれば、いつだって自分に自信を持てるようになる」

このように思いながらも、行動を先延ばしするのは、とてももったいないことです。

自分を愛するためには、今の自分を変える勇気が必要なのです。

自分を愛せるようになりたいのなら、これまでの自分を変える勇気が必要

90「やってみたい」と思ったら、すぐにチャレンジする

「自分に自信をつけよう」と決心したら、その次のステップとして、すぐにやってほしいことがあります。

それは、「これ、何だかおもしろそう」「一度試してみたいな」と興味がわいたことがあったら、すぐにチャレンジしてみるということです。

「思い立ったが吉日」ということわざもあるように、「これをやってみたい」と感情が大きく動いたときが、それをはじめるのに一番いい日です。

こういうと、「他にやらなきゃいけないことがあるから、今すぐは無理」「けっこう手間がかかるから、すぐはじめるのはむずかしい」と困ってしまう人もいるかもしれません。

そういう場合におすすめなのが、チャレンジするときに、自分がどんなことをやらなければいけないかを、紙や手帳にリストアップするということです。

たとえば、「海外に短期留学してみたい」と思っていても、今すぐにできるわけではありません。

だからといって何もしないのではなく、リストアップした中ですぐにできることを選んでやってみるのです。

たとえば、次のようなことなら、その日のうちに実行できるのではないでしょうか。

短期留学の情報にくわしいインターネットのサイトを調べて、読んでみる。

旅行代理店に出かけて、短期留学のパンフレットをもらったり、店員さんに「おすすめの留学プランはあるか？」と質問してみたりする。

留学経験のある知り合いにメールをして、体験した感想を聞いてみる。

行きたい地域が決まっているなら、申込書を書いてみる。

このように、リストアップしてみると、すぐにできることも意外と多くあるのです。

大切なのは、昨日までやっていなかった何かをひとつでもはじめてみることなのです。

たとえ小さな一歩でも、チャレンジをはじめると、心には小さな自信が芽生えてきます。その感情は、自分を愛するための大きな助けになってくれるでしょう。

どんなに小さなことでも、ひとつはじめてみると、心に自信が芽生えてくる

91 自分からイベントを企画してみる

自分に自信がない人は、受け身なタイプの人が多いようです。

仕事では、上司の言う通りに行動して、なるべく失敗しないように業務を行なう。

また、人づき合いでは、まわりの人に嫌われないように気を使い、友達から何かを誘われなければ動こうとしない。そんなふうに、自分の時間を誰かのために使っている人が多いのです。

別にそれが、いけないわけではありません。

受け身でも、それをやることが楽しくて、自分が満足しているなら、まったく問題はありません。

しかし、心の中で「本当は、こんなことはやりたくない」「もっと別にしたいことがあるのに」というような気持ちがあるなら、その思いをそのままにしておくことはよくありません。

そのような受け身でいるということは、別の言い方をすれば、自分の本心を押し殺している、ということです。

積極的に行動してみると、実現したときの喜びが大きい

そんな心の状態では、自分を愛することなどできません。

自分を愛するためには、やはり、自分で何かを決めたり、自分から発言をしたりして、積極的に行動することが大切なのです。

では、受け身の姿勢を脱するためには、どうしたらいいでしょうか。

ぜひやってみてほしいのが、自分が中心になって、人を誘えるようなイベントを企画し、それを実行してみるということです。

具体的には、親しい友達を誘って旅行を企画したり、学生時代の仲間に連絡を取って同窓会を開いたり、同じ趣味を持つ知人を集めて交流会をしたりなど、自分も相手も楽しめそうなことがいいでしょう。

自分が考えた企画が実現するときの喜びはかけがえのないものです。

「参加してよかったよ」とまわりの人から感謝されたら、それはそのまま自分の自信へつながるのです。

92 小さな目標を立てる

「自信」という漢字は、「自らを信じる」と書きます。

言いかえれば、自分が持っている可能性や才能を信じられる人というのが、自信を持っている人といえるでしょう。

「自分を愛せない」と悩む人は、可能性や才能があるにもかかわらず、その能力をなかなか認めようとしません。

自分を愛せない人は「私なんて、何の才能もない」「何をやってもどうせうまくいかない」とネガティブに考えるクセがついてしまっているからです。

そういう人は、自分の未来にも希望を持てずに、新たな一歩を踏み出すことができません。そして、そんな情けない自分のことがますます嫌いになっていく、という悪循環におちいってしまうのです。

この悪循環から抜け出すためには、何か目標を立ててみるのが一番です。

目標ができて、それを追いかけようと決めたときに、心の中にプラスの感情がわき出てきます。

実際に目標がある人を観察してみればわかると思いますが、彼らは際立ってポジティブな雰囲気があると思います。

それはなぜかというと、目標に向かって努力をすることで「私だってやればできる」と自分に誇りを持てるようになったり、「目標に少しずつ近づいている」という満足感を持ったりすることでプラスの感情を増やしているからです。

実際に、夏までもたないといわれた末期がんの患者が、「秋に紅葉を見に行く」という目標を立てたことで元気がわいてきて余命が延びた、というような話はよくあります。

「目標なんて、そんなに急に思いつかない」と戸惑う人もいるでしょう。

そういう場合は、「毎日、部屋の掃除をする」「毎週、新しい本を一冊読む」というようなちょっとがんばれば達成できそうな、小さな目標でかまいません。

とにかく、チャレンジすることの楽しみを見つけ出すことが大切です。

面倒くさいなんて言わずに、今すぐに目標を立ててみることです。

自分の未来に希望を持つためには、何か目標を決めるといい

93 叶えたい夢を、写真やイラストを使ってイメージする

目標と同じくらい価値があるのは、夢を持つことです。

夢というのは、「将来、こんなふうになったらいいな」と考えるだけで心がワクワクするような願望のことをいいます。

「趣味の合う恋人が欲しい」「結婚式はハワイでやりたい」「憧れの歌手のコンサートを最前列で見たい」「数年後には、独立して自分のサロンを持ちたい」というように、人によってさまざまな夢があるはずです。

しかし、自分に自信が持てない人は、叶えたい夢を頭の中で思い描いていても、「そうはいっても現実には無理だよね」「こんな夢を持っていたら、友達に笑われるかも」などとネガティブなことを考えて、夢を見ることをためらってしまう人が多いようです。

そういう人は、余計なことは考えずに、「夢を見ること」を遊びの一部として楽しんでみてほしいと思います。

おすすめの方法としては、自分の夢を写真やイラストを使ってリアルにイメージし

てみることです。

具体的なやり方は、画用紙の中心に自分の写真を貼って、そのまわりに夢を連想させる写真やイラストを貼りつけたり、言葉を添えてみたりして、オリジナルのポスターのように仕上げます。

たとえば、「結婚式はハワイでやりたい」という夢には、結婚情報誌からハワイの挙式の写真を見つけて貼りつけることができます。

また、「自分のサロンを持つ」という夢には、理想とするサロンの内装をイラストで描いてもいいでしょう。

つくっている最中に、楽しくて仕方がない気分になれることがとても大切です。

そして、そのファンタジーマップが完成したら、見やすい場所に貼って、できるだけ頻繁に目に触れるようにするのです。

そうすれば、心はプラスの状態で安定し、自分を愛せるようになってくるのです。

心がワクワクするような夢を見れば、心はプラスの状態で安定する

94

年齢を重ねるのを楽しむ

世の中には、年齢を重ねるのを楽しめる人と、怖がる人がいます。

自分を愛している人というのは、「私も年を取ったな」と思うようなことがあっても、年齢のことで自信をなくすことはあまりありません。

その一方で、自分を愛せない人は、年齢を重ねることにおいては、ネガティブ思考になってしまう人がとても多いです。

「33歳になるというのに、結婚相手どころか、恋人もいないわ。35歳をすぎると出会いがなくなるらしいから、今のうちにどうにかしないと……」

「25歳まではいくら食べてもまったく太らなかったのに、今では、ちょっと食べすぎただけで体重が増えてしまう」

「20代のときは楽しいことのためなら徹夜も平気だったのに、30代になると、寝不足だとすぐに疲れて、好きなことをするにもおっくうになるときがある」

このように、年齢に関してマイナスに考えてばかりいると、自信を持って生きていくことができなくなってしまいます。

確かに、人は年齢を重ねるにつれ、若いときには簡単にできていたことが、できなくなってしまうことがあります。

しかし、その反面、若いときにできなかったことが、年齢を重ねてからできるようになることもあるのです。

「そうは言っても、やっぱり年を取るのはイヤ」という人は、有名人やまわりにいる年上の女性の中で、「ステキな人だな」と思う人を探して、その人の長所を参考にしてみるのもおすすめです。

若いときよりも仕事がうまくいっている人、年齢を重ねてから外見的に魅力がアップした人などが、意外なほどたくさんいるはずです。

年齢は単なる数字にすぎません。長い人生を楽しむためには、自分の年齢を必要以上に意識しないことが大切です。

年齢を意識しすぎてネガティブ思考になると、人生を楽しめなくなる

95 一度はじめたことは、最後までやる

「継続は力なり」という言葉は、誰でも一度は耳にしたことがあると思います。

確実に自分に自信をつけるためには、一度はじめたことは、とにかく最後までやり遂げることが一番です。

たとえば、「何か資格を取りたいから、勉強しよう」と考えていたとしましょう。

最近では、長引く不景気のため、将来に備えて資格を取る人が増えてきました。

「今は仕事が安定しているけど、将来、会社でリストラされる可能性だってある」

「結婚して子どもができたら、今の仕事は続けられなくなるかもしれないから、再就職のために何か特別な技術を持っておきたい」

このように考えて、社会人でも、忙しい時間を何とかやりくりして、一から資格の勉強に励んでいる人も多いようです。

しかし一方で、こんな悩みもよく聞きます。

「資格の勉強をするために、テキストを買ってみたけど、とてもむずかしくて、半分も読まないうちに眠くなってしまう。そこで、もっと簡単そうなテキストを買ってみた

けど、また半分も読まないうちに放り出してしまった」

「資格を取るためにスクールに申し込んだけど、途中で通うのをやめてしまった」

いわゆる、三日坊主で終わってしまったというパターンです。

このように、やる気を出してはじめたはいいけど、途中であきらめたり、挫折したりという経験をくり返すと、次第に自信をなくしていきます。

そして、だんだん「資格の勉強をはじめたところで、どうせ続かないだろう」という気持ちになって、チャレンジすることをあきらめてしまうのです。

以前、こういう経験があるという人は、目標が大きすぎたのかもしれません。

まずは簡単にクリアできるような小さな目標でもいいので、とにかく最後までやり遂げることが大切です。

やり遂げたことの達成感は、自分への自信につながります。

そして、自信はそのまま、自分を好きになることへとつながるのです。

はじめたことをあきらめずに続けると、自信を取り戻すことができる

96 自分を大切にしてくれる人と恋愛をする

女性は、恋愛を人生の中心のように考える人が多いものです。

「仕事でほめられても、彼との関係がギクシャクしていると、落ち込む」

「まわりの人は『かわいいね』と言ってくれるけど、彼氏がなかなかできなくて、つらい」

このように、他のことはうまくいっていても、恋愛関係で不安があると、自分に自信が持てなくなる傾向が強いのです。

このような状況から脱するには、「自分が本当の意味で幸せになれる恋愛って、何だろう？」としっかり考えて、男性と交際をすることが大切です。

美和子さん（仮名・28歳）は、これまで何に対しても自信を持てない生活を送ってきましたが、自分を大切にしてくれる男性と交際したことがきっかけで、行動がガラッと変わりました。

まず、仕事の面では、自分から積極的に意見を言えるようになりました。

上司や同僚たちとは、仕事以外のことでも会話を交すことができるようになり、以前よりずっと仲良くなりました。

そして、プライベートでは、彼氏と一緒にジョギングをはじめて、マラソン大会の出場を目指すまでになったそうです。

「彼とつき合ってから、自分を愛せるようになった。きっと、彼が私を心から愛してくれているから、その思いが自信につながったと思う」と美和子さんは言います。

実は、彼女はこれまでの恋愛はすべて片想いで終わっていました。

とにかくかっこいい顔をしている男性が好きで、それ以外の男性は恋愛対象にならないと考えていたのです。

一方、今の彼はハンサムではありませんが、美和子さんのことをいつも応援してくれています。そのため、彼と一緒にいると自信がわいてきて、いろいろなことにチャレンジしたくなるのです。

美和子さんのように、心が満たされる恋愛をすると、幸福感が生まれ、女性としての自分に自信が持てるようになるのです。

自分が本当に幸せになれる恋愛をすると、女性である自分を愛することができる

97 自分の直感にしたがう

「企画のアイディアをずっと考えていたときは何も思いつかなかったのに、気晴らしに外出したときに突然いいアイディアがひらめいた」

「退社しようとしたら何となくイヤな予感がしたので、そのまま会社に残っていたら、いつも通る帰り道で事故があったようだ」

このように、自分では意識していなくても、「これだ！」「こんな気がする」という直感が働く体験をしたことは誰でもあると思います。

「第六感」「虫の知らせ」というような言葉もあるように、人間には本来、いいことも悪いことも事前に感じとる能力が備わっているものなのです。

しかし、「自分を愛せない」と悩む人は、自分の意見を尊重しないことがクセになっているので、自分の直感に対しても鈍感になっています。

その中には、「自分の直感が働いているのか、よくわからない」と自信が持てずにいる人もいるようです。こういう人には、今からでも、自分の直感の力を磨く練習をしてほしいと思います。

日常生活で、直感を磨く練習をしておくと、大きな決断をするときに自信が持てる

方法は簡単です。日常生活で何かを決断するときに、「どちらでもいい」と考えずに、かならずどちらかを選ぶようにするのです。

そのときは、あれこれと理屈を考えず、自分の心にピンと来て、「こちらのほうがいいな」と思ったほうを選ぶようにします。

ちょっと意識して見ると、日常生活の中では選ぶ場面がいろいろとあります。

食事をするレストランを選んだり、ショッピングで何を買うか選んだり、遊ぶ場所を選んだりするなど、さまざまな場面で応用できます。

そして、そのたびに自分の直感を意識するようになると、自分の本当の気持ちがわかるようになり、後で後悔するようなことが減っていくのです。

それに、日常生活で自分の直感にしたがう習慣をつけておけば、大きな決断をするときも自信を持って物事を選べるようになり、人生を自分の思い通りにしていけるのです。

98 大事な場面の前には、イメージトレーニングをする

いわゆる、本番に弱い人は、自分に自信がありません。

こういうタイプの人は、試験や面接、仕事の商談や大きな会議、意中の男性との出会いなどの大事な場面で、本来持っている実力を発揮することができません。

大事な場面が目前に迫ってくると「失敗してしまったら、どうしよう」とパニックになったり、「絶対に失敗してはいけない」と緊張しすぎたりして、結局、本番では自分が思った通りに失敗してしまうのです。

こういう人にぜひやってほしいのが、イメージトレーニングです。

イメージトレーニングとは、失敗が許されない状況や緊張感が高まる状況の中で、自分が持っている能力をフルに発揮するためのトレーニング方法です。

現在では、オリンピックに出場するようなスポーツ選手や国際的に活躍するアーティストなど、一流の世界では幅広くイメージトレーニングが採用されています。

こう説明すると一般人には縁がないように感じますが、このトレーニングは、私たちの日常生活にも役立てることができます。

たとえば、明日、転職希望先の会社で面接をする予定があるとしましょう。「この会社に落ちたら、もう後がない」「面接で印象を悪くしまったら、どうしよう」などと考える度に、緊張感が増していきます。

そういうときは、前日、眠りにつく前に、自分が面接をしている状況をできるだけ具体的に思い描きます。

面接の部屋の様子や、面接官が笑顔で自分の話を聞いてくれている様子、落ち着いて自分をアピールしている様子など、うまくいっているイメージをどんどん膨らませていくのです。

そして、最終的には、その会社に出社する自分の姿を心に思い描くのです。

これを何度もくり返すと、「自分はうまくいく」という確信が持てるようになり、面接の場で不安を感じなくなります。

イメージ上の成功体験は、自分へ自信を持つことへもつながるのです。

イメージトレーニングをすると、「自分はうまくいく」と信じられるようになる

99 「正しい生き方」を心がける

世の中には、善意を持った素晴らしい人がたくさんいる一方で、悪意を持って、人をおとしいれようとする人もいます。

人を恨んで復讐しようとする人。

大げさなウソをついて、人をだまそうとする人。

このような人は、見た目や雰囲気からは自分に自信を持っているように見えますが、心の中には大きなマイナスの感情を抱えています。

ですから、一時的には高い成果を得られたり、成功したりしても、後でかならずしっぺ返しがきます。

自分の心の弱さから犯罪に手を染めた人の手記を読むと、「最初はほんの出来心で人を傷つけていたけど、やがてそれが犯罪になり、今はとても後悔している。でも、いくら後悔してももう手遅れで、幸せだったときには二度と戻れない」というようなことが書いてあることがよくあります。

やはり人間が自分を愛するためには、他人を犠牲にすることのない「正しい生き方」

を心がけていく必要があるのです。

しかし、日常の中には、ちょっとしたきっかけで良心に反したことをしてしまう可能性があります。

たとえば、仕事で「ちょっとズルをすれば、自分が得をする」という場面を迎えたとき、「まわりにバレなければ大丈夫」「他の人だって、これくらいのズルはやっているだろう」という邪心がわいてくることがあるかもしれません。

しかし、そこをグッと我慢して、「それでも私は真っ当なやり方をしよう」と思い直すことができると、自分に強い自信を持つことができます。

特に、心がマイナスに傾いているときは、自分の心を正すことが大切です。

そして、誰も見ていなくても、自分が正しいと思う行動をすると、自分に対する信頼感が強まって、自分のことを好きになれるのです。

自分を愛するためには、他人を犠牲にしてはいけない 真っ当な生き方をすれば、強い自信をつけることができる

100 「幸せ」を怖がらずに受け取る

せっかくラッキーなことが増えてきたのに、それを喜ばずに、「次は嫌なことが起こるかも」などと考えて心にマイナスのエネルギーを増やし、アンラッキーを呼び寄せてしまう人がいます。

実は、不幸な状態になれていた人は、幸せを願いながらも、不幸な状況にいたほうが安心できるという性質があるのです。

幸せなことが続いた後にイヤなことが起きると、「やっぱり、いいことばかり続くわけがないよね」と言いながら、心のどこかでホッとしてしまう人がいるのはそのせいです。

人間はもともと、「今の幸せがずっと続く」と考えるのが苦手な特性を持っているといいます。

このような心の状態を、心理学では「罰への欲求」といいます。

しかし、そんな不安に負けてはいけません。不安なときこそ、心の中にプラスの感情を増やすことが重要になってくるのです。

志乃さん（仮名・32歳）は、これまで自分が望んでいたチャンスが目の前にやってきても、「私はこのチャンスを活かせる自信がない」と感じて逃げていました。

そのため、職場では能力が高いにもかかわらず、雑用ばかりを押しつけられて、本当にやりたい商品開発の仕事ができずにいました。

しかし、あるとき思い切ってチャンスを受け入れてみたところ、大きなやりがいを得て、自分に自信を持てるようになりました。

途中、失敗をして怒られたこともありましたが、そこで心を折らずに、あきらめなかった結果、新しい自分に出会えたのです。

チャンスが巡ってきたら、怖くても、勇気を出して受け取ることが大切です。

そして、幸せが続いたときは、不安にならずに、「次もきっといいことがあるはず」とプラスに考えるようにしましょう。

幸せな出来事はどんどん受け取っていいのです。

「いいことが続いた後は、悪いことが起きる」と思う必要はない ずっと幸せでいたっていい

おわりに

この本を最後までお読みいただき、ありがとうございました。

幸せを感じて生きるためには、「自分を愛する」ことが大切であることが、ご理解いただけたかと思います。

私がこの本で一番伝えたかったのは、毎日を笑顔で生きるための秘訣とは、他人からうらやましがられるような高価なバッグを持つことでもなく、仕事でライバルに勝って上司にほめられることでもなく、好みのタイプの異性から告白されることでもなく、「自分自身が、自分の生き方に満足すること」だということです。

他人がどんなに称賛してくれようと、そのことが自分の幸せにつながっているとは限りません。

人は人生がうまくいかないとき、まわりの環境や誰かのせいにしてしまいがちです。

しかし、本当の問題はそこではなく、自分の心の中、考え方にあるのです。

自分を愛して、「私の人生はなかなか悪くない」と思って生きることができれば、まわりのことはたいして気にならなくなります。

本書では、自分を愛するためのポイントを１００個ご紹介しました。

どれもむずかしいことではありませんが、生活に取り入れることで、かならず成果が得られるものです。

これらのポイントを無理なく実践できるようになったとき、きっとその人は、笑顔で「自分らしい人生」を送ることができるはずです。

日本人は、とにかく忙しい毎日を送っています。大人になれば、自分だけのことを考えて生きるわけにもいきません。

しかし、だからといって、他人中心の毎日を続けるのも、自分のためになりません。

自分がしていることは、自分自身の心がやりたいと思ったことだろうか？

これをやったら自分の心を喜ぶだろうか？

この選択は、「自分らしい」と言えるだろうか？

これらを意識して生きることで、人生は楽しいものに変化してきます。

今、とても幸せそうに生きている人も、何もかもうまくいっているわけではありません。誰だって、思い通りにならない毎日を経験する中で、本当の自分が求めることを知り、「自分を愛する」ことができるようになったのです。

もっと、自分を愛しましょう。誰よりも、自分の価値を認めてあげましょう。

誰の目も気にする必要はありません。自分の人生は自分のものなのですから。

植西 聰 Akira Uenishi

東京都出身。著述家。

学習院大学卒業後、資生堂に勤務。

独立後、人生論の研究に従事。

独自の『成心学』理論を確立し、人々を明るく元気づける著述を開始。

95年、「産業カウンセラー」(労働大臣認定資格)を取得。

主な著書に、『「折れない心」をつくるたった1つの習慣』(青春出版社)、『平常心のコツ』(自由国民社)、『「いいこと」がいっぱい起こる! ブッダの言葉』『話し方を変えると「いいこと」がいっぱい起こる!』(ともに三笠書房・王様文庫)、『マーフィーの恋愛成功法則』(扶桑社文庫)、『ヘタな人生論よりイソップ物語』(河出文庫)、『「カチン」ときたときのとっさの対処術』(ベストセラーズ・ワニ文庫)、『運がよくなる100の法則』(集英社be文庫)、『「運命の人」は存在する』(サンマーク文庫)などがある。

さらに、近著に、『運命の人とつながる方法』(文響社)、『「最後心」の心構え』(三五館)、『つぶやくだけで心が軽くなるひと言セラピー』(三笠書房・知的生きかた文庫)、『すぐ動くコツ』(自由国民社)がある。

幸せを引き寄せる自分の愛し方100の方法

2017年12月7日　第一版　第一刷

著　者　植西 聰
編　集　有園 智美
装丁・デザイン　堀江 侑司
発行人　西 宏祐
発行所　株式会社ビオ・マガジン
〒141-0031　東京都品川区西五反田8-11-21
五反田TRビル1F
TEL:03-5436-9204　FAX:03-5436-9209
http://biomagazine.co.jp/

印刷・製本　シナノ印刷株式会社

ISBN978-4-86588-025-0 C0011

植西聰さんの最新情報

書籍案内、「アネモネ」掲載情報など

アネモネHPの

特設WEBページにて
公開中!!

http://biomagazine.co.jp/uenishi/

Yantara Jiro
ヤンタラ・ジロー
世界中を旅する希有なる才能を持つシンガーソングライターが贈る
ヤンタラ・ジロー
ファースト写真
&メッセージ集
スピリチュアル
パワーを放つ
CD &
スペシャルカード
付き!